大型中国传统文化有声读物

图说中国古琴丛书 6

阳关三叠

An Illustrated Series on Chinese Guqin

刘晓睿——主编
古琴文献研究室——编

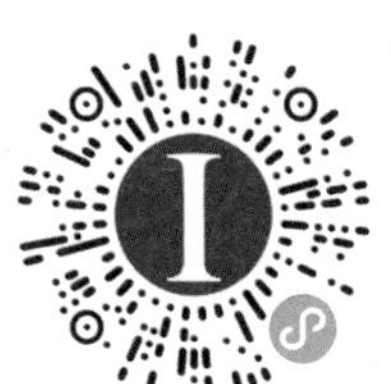

微信扫码听读书

广西美术出版社

陽關三疊

主编
/ 刘晓睿

执行编委
/ 海月

策划
/ 吴寒

内容整理
/ 董家寺

执行主任
/ 海靖 / 陈永健

文案编辑
/ 陈晓粉 / 李晓爽

美编
/ 黄桂芳

绘图
/ 胡敏怡

播音
/ 肖鹏

古琴弹奏
/ 谢东笑

顾问
/ 朱虹 / 孙刚

目录 / *contents*

前 言

中国古琴是世界上最古老的弹拨乐器之一，有着数千年的历史背景和文化积淀。古琴艺术在中国音乐史、美学史、社会文化史、思想史等方面都具有广泛影响，是中国古代精神文化影射在音乐方面的重要载体，在人类文明史中占据着一席之地。

2003 年，中国古琴艺术被联合国教科文组织列入“人类口头和非物质遗产代表作”。2006 年，国务院将古琴艺术列入“第一批国家级非物质文化遗产名录”。2017 年，中共中央办公厅、国务院办公厅联合印发《关于实施中华优秀传统文化传承发展工程的意见》。推进中华优秀传统文化传承与发展，是对文化先进因素和优秀成分不断荟萃吸纳与凝结升华的过程。回归传统文化，就是要守住我们中华民族发展的根。

在这样的社会氛围下，近年来学习古琴的人越来越多，他们对琴学的追求也越来越迫切。这样的发展形势，也对古琴教学及古琴文化传播提出了更高的要求。琴曲背后的“文化”才是主导古琴历史文化传承发展的核心所在。

但是，要想相对贴切地将每一首琴曲的文化内涵表述出来，着实不易，这涉及庞杂的古琴学体系及丰富的历史文化知识。关于古琴学的体系，仅从文献整理的角度来看，在过去 10 年里，仅本书编者团队抢救整理的古琴历史文献就有 220 多部，琴曲数目（含同名琴曲）4300 余首，若按不重名计，则有 800 多首，从古琴文献的规模来看，目前已经超越了前人的整理工作。大型中国传统文化有声读物《图说中国古琴丛书》就是基于此的最新研究成果。

《图说中国古琴丛书》计划出版数百册，“一书一曲”，力求尽可能全面地涉猎中国古琴的历史文献。每一册中有历史典故、琴曲赏析、曲谱源流、艺术表达分析等内容，从不同角度将一首古琴曲讲透彻。编撰过程中，最有价值的工作是编者投入无法估量的时间、精力，梳理曲谱中的原始文献记载，对比探究每一个谱本所载内容，对多个谱本进行注释分析，并结合人物传记等史料，全面深入地分析作者及琴曲，尽可能准确地挖掘琴曲的内涵。

在呈现形式上，《图说中国古琴丛书》的每一册皆是以一首古琴曲为核心，除了展现各种历史文献资料，还引入唐宋元明清的古琴古画素材，再加上视听新技术的运用，使阅读体验更丰富。这套丛书面世后，将解决古琴研习资料匮乏的问题。

作为当代古琴艺术发展的见证者和传播者，以及古琴文献的整理者和研究者，我们深感幸运与骄傲。坚定文化自信，推动中华优秀传统文化创造性转化、创新性发展——这是我们一切努力的出发点和落脚点。将修复古琴文脉的工程，纳入传承弘扬中华优秀传统文化的康庄大道，我们从未忘记肩上的这个使命与责任！

编者的话

古琴文化是我国优秀的传统音乐文化，而琴歌又称弦歌，它是古琴音乐文化中的一种特殊的表现形式，既体现了古琴数千年发展的变化历程，又可以称得上我国传统艺术的遗存，直到现代，仍然在音乐文化中占据着一席之地。

《琴史》中记载有：“古之弦歌，有鼓弦以合歌者，有作歌以配弦者”“盖古人歌则必弦之，弦则必歌之”的说法。通观现存各类琴书，琴歌也经历了由起到落的发展规律。旺盛时期有先秦“《诗》三百篇，孔子皆弦歌之”的盛景，衰落时亦有明末清初大多数琴歌以无词器乐形式演奏的简洁。

在经历动荡的先秦时期后，文化交流逐步进入到一个较为稳定的时期，古琴相应地也找到了属于它的一片土壤，并且散发着浓厚的文化气息。它的来源变得更为广泛，既有取自宫廷的，又有来源于民间的；类型也变得更多，既有艺术歌曲，又有大型舞曲。伴随着文人士大夫阶层的形成，古琴也逐渐融入了人们生活之中，产生了诸多优秀的作品，如司马相如的《凤求凰》、卓文君的《白头吟》、刘邦的《大风歌》以及蔡邕的《琴操》等。这里面其中有些曲谱已经佚失了，流传到现在仅仅保存了它歌名或曲词的记载。也正是通过这些记载及曲词，我们了解了当时琴歌发展的一些脉络及概况。

从隋唐开始，古琴艺术文化开始向整体文化的方向发展。到了宋代，古琴成了文人文化在音乐中的主要象征，逐渐呈现出两大象征：一是古琴与文人文化的联系达到一种前所未有的紧密程度，处处透露着浓厚的文人音乐色彩；二是琴歌逐步规范化，体量也在逐渐增加。在唐诗盛行的唐朝，诗与琴的结合可谓水到渠成。典型的代表即为《阳关三叠》，或称《阳关曲》，以它为代表的琴歌随着时间的推移，出现了多种版本，体现了流传的广泛性。

明代前期，随着古琴的不断发展，琴歌也有了广泛的发展空间，有了专门的琴人来创作琴歌，刊刻了大量琴歌谱集，如《谢琳太古遗音》，《黄士达太古遗音》，龚经的《浙音释字琴谱》，杨表正的《重修真传琴谱》，杨抡的《真传正宗琴谱》《伯牙心法》，陈大斌的《太音希声》等，足见琴歌在当时的盛行程度，甚至形成了一种风尚。但诸多琴歌曲谱过多追求一字一音的文辞表达，而往往忽略了其自身存在的魅力与价值，以至于在当时也出现了诸多琴人开始舍弃谱内曲词，而追求器乐的艺术表现魅力，因此从一定程度上来看，在明末清初的时期，琴歌艺术整体呈现的是一种衰落的表现。

综上所述，古琴琴歌从远古走向现代的过程也是其自身魅力形成的过程，其琴歌的艺术表现形式不仅为古琴艺术增添了色彩，同时也为传统音乐文化丰富了艺术形式。从先秦时期的萌芽，到两汉、魏晋南北朝时期的平稳发展，再到唐宋时期的鼎盛，甚至到后来明末清初的下行趋势，无论哪个朝代与历史时期，琴歌艺术始终与知识阶层有着紧密联系，只是伴随朝代的更迭，历史的发展，不同时期的琴歌有其自身独有的特征表现，这也恰恰是它的魅力所在。

当今琴歌的发展不仅离不开古人的琴谱著作传承，也少不了现代琴家的打谱挖掘。特别是以王迪先生为代表的琴家更是为当今琴歌的发展奠定了坚实的基础，不断发掘和创作了琴歌曲谱，我们也是借以《阳关三叠》曲谱的探寻研究，为琴歌艺术的推广与发展尽一份绵薄之力。

刘晓睿

2020年盛夏

《阳关三叠》概述

“渭城朝雨浥轻尘，客舍青青柳色新。劝君更尽一杯酒，西出阳关无故人。”这是唐代王维写的一首送别诗，言语间尽是不舍与感怀。此诗句后被用到琴曲《阳关三叠》之中，又被广泛传颂。“叠”是中国传统音乐中很具普遍意义的结构手法，意为反复，是基于同一音乐轮廓的自由反复、变奏或即兴发挥的音乐结构形式。琴曲以“三叠”的表现手法更能使情感色彩趋于深厚。

《阳关三叠》，音调纯朴而富于激情，千百年来流传不衰，是祖先留给我们的珍贵音乐作品。唐朝诗人王维的七言绝句《阳关三叠》，集中而鲜明地表达了朋友间送别时的深厚情谊。按《中国古琴谱集》所录诸谱，《阳关三叠》曲谱最早见于约明弘治四年（1491）前龚经编释的《浙音释字琴谱》一书，原谱仅存八段，或有部分内容佚失，所录曲谱旁均注有歌词。此后又有四十三种琴书分别刊录了此曲，有《阳关操》《阳关三叠》《阳关曲》《阳关》等相关曲名，影响极为深远。这其中绝大多数版本都带有唱词和王维的诗句，恰足以说明此曲在很早时期就以“琴歌”形式流传开了。《阳关三叠》以其柔美的音色，深邃的情感，意蕴悠长的韵味，极具艺术的表现力，为中国的琴歌发展奠定了坚实的基础。

现在我们常参考演奏的谱本多为据清同治三年（1864）张鹤辑《琴学入门》而来，谱中的歌词在王维原貌的诗句上又扩充了诸多内容，使其情感表达更加丰满而富于画面感。本编旨在通过借助谱内的文字注释及延伸拓展，来丰富琴曲的学习内容，从而更加清晰准确地把握琴曲表达出来的内涵。

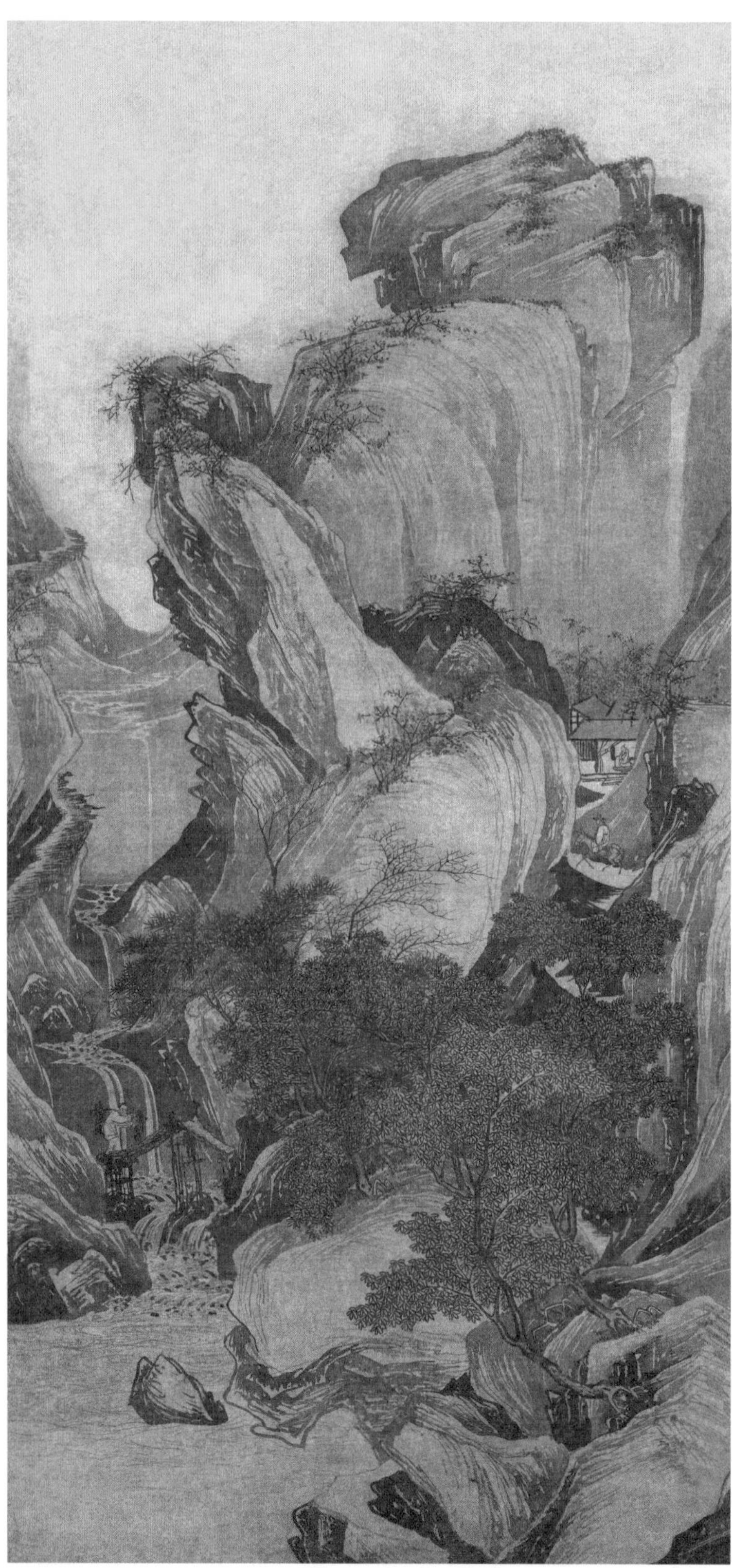

骑驴归思图轴（临摹）
唐寅（明代）

凡例

一、本书收录曲谱有三种，分别为《谢琳太古遗音》中的《阳关曲》曲谱、《琴学入门》中的《阳关三叠》曲谱和《希韶阁琴谱集成》中的《阳关三叠》曲谱。

二、本书所收录的谱本仅供学者参究，并不表明谱本价值高低。

三、为了让读者更加有效快速地了解《阳关三叠》曲，本书注释内容和论述观点部分内容含有个人理解，仅供参考。

四、因古文阅读顺序与现代略有差异，为了保持文献原貌，本书所录古书曲谱影印图片内容阅读顺序均为从上到下，由右至左，望读者知悉。

五、关于其他未录入本书的《阳关三叠》谱本，并非其不具价值，因篇幅有限，故暂未进行逐一录入。

六、关于曲谱所列录的典故或白话文翻译，仅以所收曲谱版本内容作为限定，其余诸谱或存有他说，暂未查明，请读者自行鉴之。

七、为了让读者便于弹奏《阳关三叠》，本书还选取了当代琴家打谱《阳关三叠》谱本。选取的打谱版本并不代表任何价值高低，仅供读者参考之用。

八、为了增加内容的趣味性，采用图文并茂的形式展现，书后并附有弹奏的《阳关三叠》现代曲谱和演奏音频二维码，供参考欣赏。

九、为了丰富本书内容和更明确地传播古琴历史文化价值，在书末收录了名琴“云表龙璈”的一部分记载，并非作为该琴的断代研究及其他任何商业行为的著录，望读者明鉴。

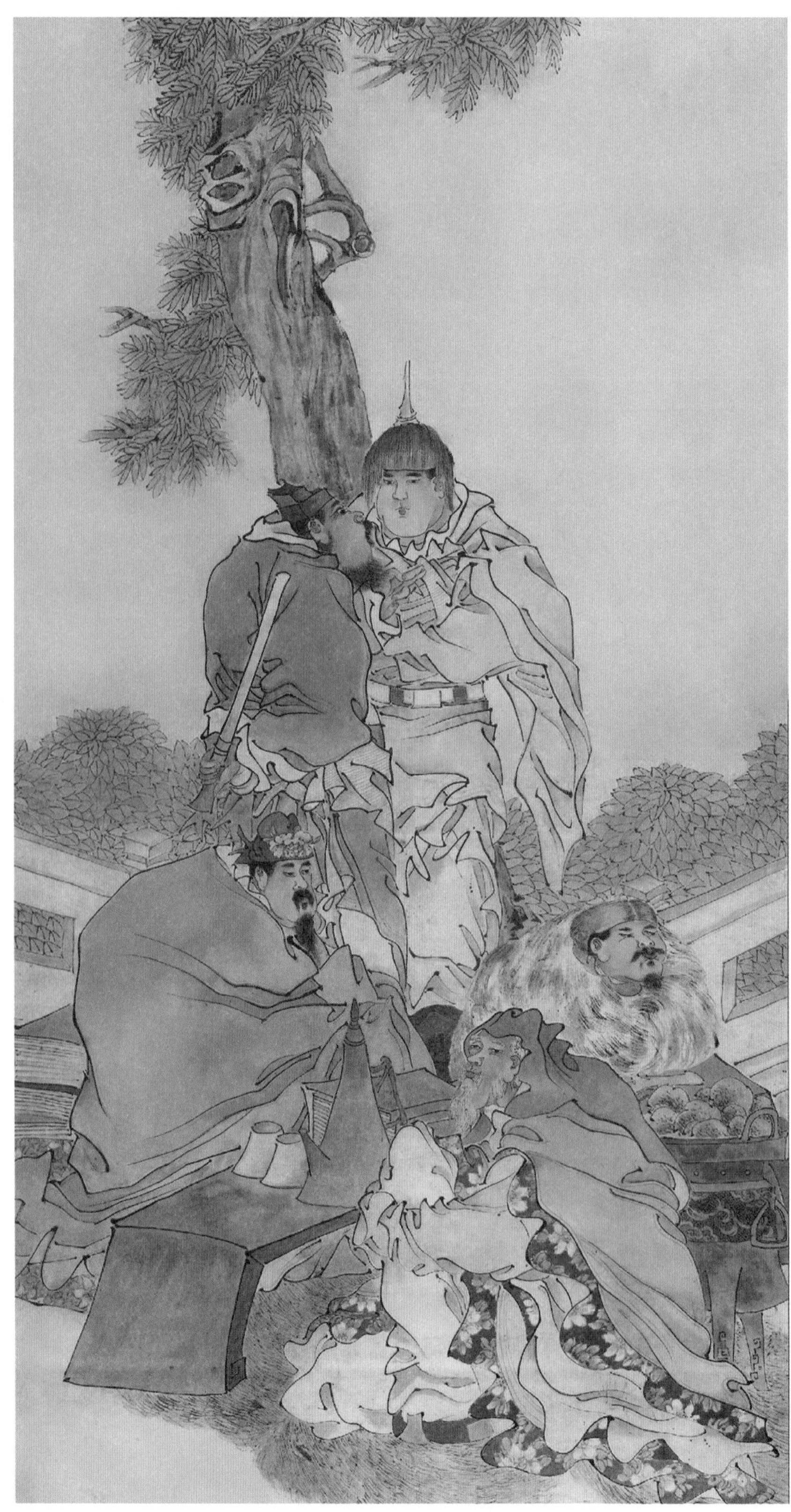

送别图（临摹）
任伯年（清代）

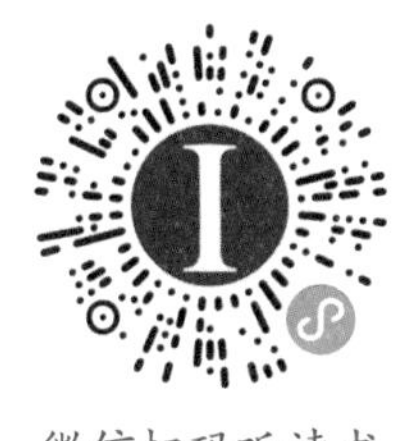

微信扫码听读书

阳关初探

“劝君更尽一杯酒，西出阳关无故人”“红绽樱桃含白雪，断肠声里唱阳关”“最忆阳关唱，真珠一串歌”……古往今来，无数文人墨客为离别而赋诗填词。送君千里，终须一别，这种“离别”已然演变成了中华民族由古至今的一种特殊文化现象，而这其中较为盛名的当属王维《渭城曲》一诗。“渭城朝雨浥轻尘，客舍青青柳色新。劝君更尽一杯酒，西出阳关无故人。”该诗主要以当时防守边疆的士兵所过“征戍”生活的现实情况为线索，反映了当时民众所面临的外部社会大环境和内心离别的苦楚。诗句深入人心，后逐渐演变成了唐代《伊州》大曲中的歌词被广为传诵。自古流传到现在，该曲已然成了离别曲目的典型代表。因诗中有“阳关”和“渭城”两个地名，所以用这首诗配成的歌曲，又叫作《阳关曲》《阳关三叠》，或《渭城曲》。

一、源流

琴曲《阳关三叠》或《阳关曲》，其内歌词主要源出我国唐代著名诗人王维的“乐府诗”——《渭城曲》（一作《送元二使安西》），即“渭城一曰阳关，本送人使安西诗，后遂被于歌”。《渭城曲》是王维为送元二到安西从军在渭城送别时所作诗歌，入乐后被称为《渭城曲》或《阳关曲》，后来成为唐代著名大曲《伊州》中的一个唱段。

琴曲的曲意表达往往依托于谱内文辞或历史背景的关联。关于此曲，侧重点自然落在了反复出现的王维四句诗的内容上。此曲近现代研究者颇多，材料

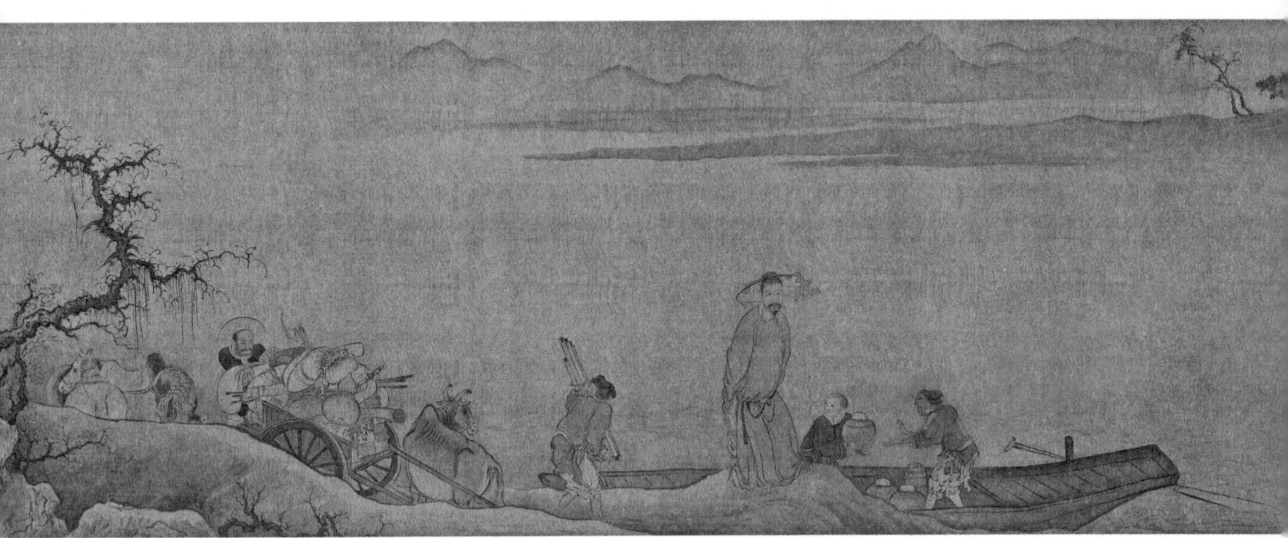

移居图（临摹）
禹之鼎（清代）

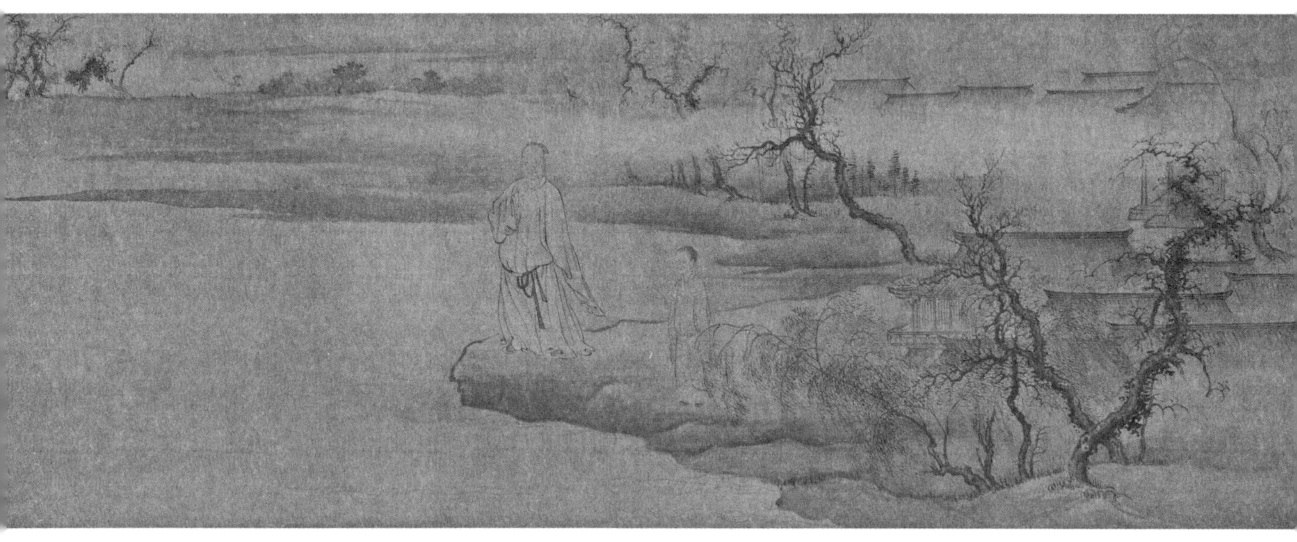

亦有不少。其中著名音乐教育家杨荫浏先生的《对古曲〈阳关三叠〉的初步研究》就曾对此曲作过较为详细的述说。

唐代自从太宗和高宗确定了疆域范围之后，就需要大量军民到边疆驻守，即为“征戍”。但到玄宗时期，政治逐渐腐败，对人民的剥削和压迫更为残酷，人民的生活日渐贫困。一方面，征戍徭役使服兵役的人民因戍边而老死不得回家，这样既剥夺了他们全部的劳动时间，又加上服兵役者的服装、器械、食粮都要自备，更迫使人民丧家破产，使他们失去的土地落到贵族官僚和豪强地主手里。另一方面，征戍徭役实施过程也是一桩极端黑暗的事。依照法令，农民被征在戍，只要当六年兵就可以回家，但当时统治阶级常常有所欺瞒，大多数人常常是老死不得回家。为了战争的需要而强加于人民身上的征戍徭役，它本身就是对于人民的一种极端残酷的剥削。诗人王维在这首诗中，用弦外之音，含蓄地、确切地反映了人民在征戍徭役压迫下的痛苦，塑造了一种生离死别的苦楚，确是我们古典文学中不朽的作品之一。

唐时的渭城，是在现在西安的西北；唐时的阳关，是在现在甘肃敦煌的西南，是当时出塞征戍的人的必经之地。那时元二所要到达的目的地安西是在现在的新疆库车。对于这种繁重而痛苦的征戍徭役，不管是服役者本人或者是送行的亲友，心情都是十分沉重而哀怨的。

王维的诗对于征戍徭役，不是愤慨地从正面提出抗议，而是含蓄地抒写哀怨的别离情绪，借此烘托出当时大家知道的问题，并且明白表达出了他自己对这一问题所取得与人民一致的反抗态度。这是长期封建统治之下诗人经常采用的写作方法之一。例如，唐杜甫的《新婚别》就是借了少妇诉说新婚离别的悲哀而深刻地揭露了战争的残酷。《阳关曲》也是用这种手法进行表达抒写的。王维的诗句虽未露出对于此种情形的愤慨情绪，但通过对于友人离别的深刻抒写，对于造成亲人、友人生离死别的徭役制度隐藏着一种有力的抗议。

王维（701？—761），我国唐代著名的文学家、音乐家和画家。字摩诘，河东蒲州（今山西永济）人，开元进士。累官至给事中。安史之乱后降为太子中允。最后官至尚书中丞，世称“王右丞”。王维在文学、绘画方面很有建树，

《东坡志林》中说他“诗中有画，画中有诗”；在音乐方面也很有成就，据记载，王维曾创作过描写“楚汉之争”的《郁轮袍》，晚年“弹琴赋诗，啸咏终日”。查《全唐诗》卷一二五中，王维所写送别友人的诗多达五六十首，其中流传最广的当属这首《渭城曲》，足见其地位。不仅如此，除王维外，唐代记载演唱《阳关曲》的诗歌之后还出现了许多，如：张祜的“不堪昨夜先垂泪，西去阳关第一声”；白居易的“高调管色吹银字，慢拽歌词唱渭城”“长爱夫怜第二句，请君重唱夕阳关”“老去将何散老愁，新教小玉唱伊州”“我有阳关君未闻，若闻亦应愁煞君”“最忆阳关唱，真珠一串歌”；李商隐的“红绽樱桃含白雪，断肠声里唱阳关”；刘禹锡的“旧人唯有何戡在，更与殷勤唱渭城”……“阳关”“渭城”已然成为依依惜别的同义语。不仅如此，还出现了多种风格、多种情绪和多种唱法，并在多种不同的场合中演唱。这其中，我们可以从白居易对《阳关曲》的歌颂和记载中不难看出这种情况。白居易生活的时代，《阳关曲》或最为流行。他在《晚春欲携酒寻沈四著作》诗云：“最忆阳关唱，真珠一串歌。”其自注中说：“沈有讴者，善唱‘西出阳关无故人’词”，可见其诗入乐后成为流传很广并在别席离宴上送别的一首歌。从这些描述我们或可以了解到历代古琴谱集中记载的《阳关曲》曲谱为什么基本都带有唱词这一明显特点。

二、谁被于歌

我国古代的词、曲，从某种程度上来讲，“词”是歌词，属于文学范畴；“曲”是曲调，属于音声范畴。一般认为曲子多是长短句，其实，只要能入乐的词，皆可被称为“曲子”。

王维是唐代著名的音乐家无疑，按《王右丞全集》中“渭城一曰阳关，本送人使安西诗，后遂被于歌”的说法，以现代眼光来看，这句话就产生了疑问：到底是王维自己“被于歌”？还是别人“被于歌”？这里没有交代清楚，不得不令后人产生遐想。因此现在还存有“王维被于歌”和“后人被于歌”这两种论点。著名学者任二北曾指出，“王维当时乃作诗之徒，非作歌词。此诗入乐后，

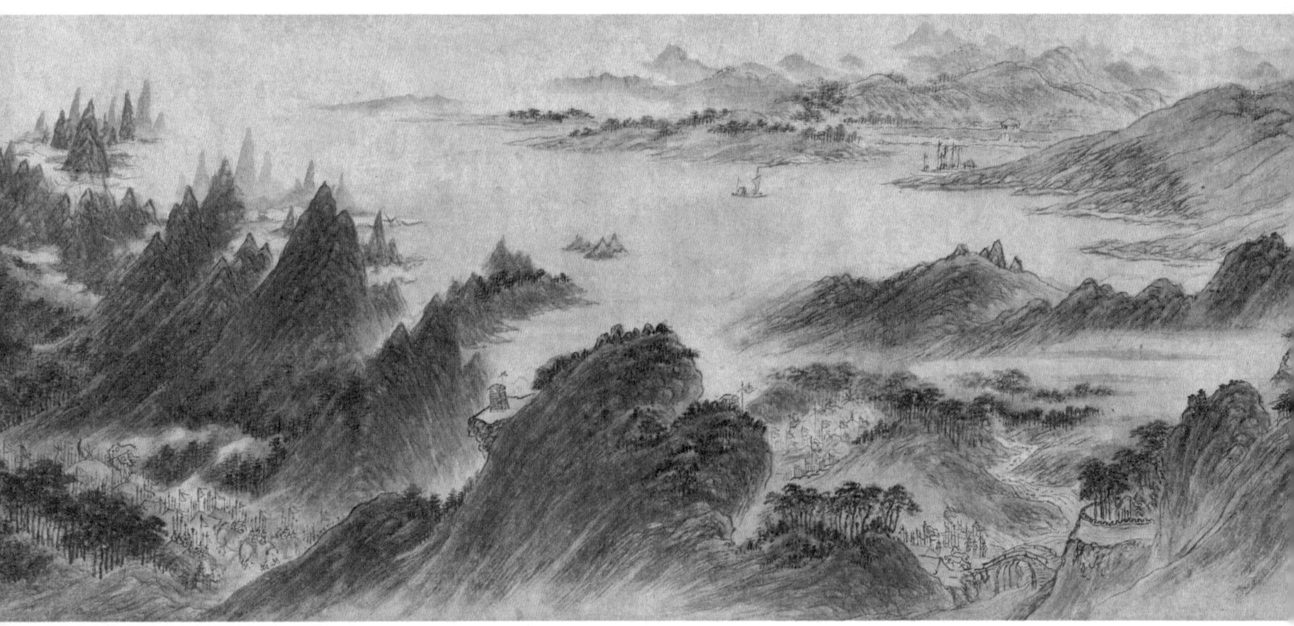

万里寻亲图（局部）（临摹）
黄向坚（明代）

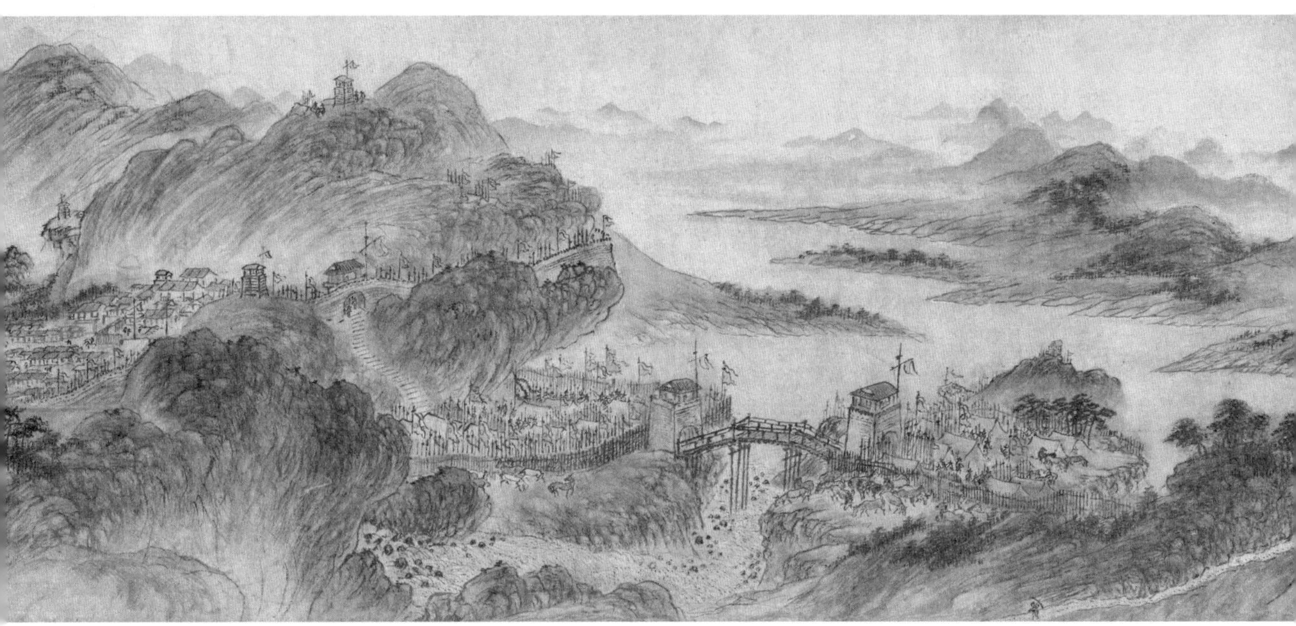

名《渭城曲》，凡称《阳关曲》者，多指数声，不指曲名”。按其所说，王维作“乐诗”应是没有问题，但《渭城曲》是王维“被于歌”的材料尚未有明确记载或论断。金文达教授也认为：“它的曲调是后代出现的，可能是唐人所作，后人所配；也可能是唐人所作，由后人加工改编而成。”也未明确推断出具体是谁“被于歌”。但无论何种论点，都不可否认的一点即是，其琴歌主旨应是脱离不开王维诗句的主要含义。

三、三叠出现

小板块：“叠”

叠奏，是一种基于同一音乐轮廓的自由反复、变奏、展衍或即兴性发挥的音乐结构形式。也可以说，它就是一种曲式。它既不同于西方那种一定要有整体性的、依照固定曲式结构和一定逻辑设计来装饰主题的严格变奏，也不同于有层次地肢解、发展主题，改变主题以至音乐轮廓和性格的自由变奏。它更多地表现为“在重复的基础上”，作“局部性的”带有“即兴性的”变奏、展衍和发挥。在我国传统音乐中，它是一种很有特点又很具普遍意义的结构手法。

从宋代至元代，可以认为是该曲的演变阶段。自唐王维的《渭城曲》出现之后，加之现有的曲谱材料，尚未见到唐、宋、元刊印此曲谱的版本流传下来，有的只有部分记载及部分歌词，因此这一时期对该曲的研究也仅限于这些记载和歌词中了。

宋代歌曲的主要形式是以“词体歌曲”为主，也称“宋词、小唱”，在音乐上称之为“词调”。这首《渭城曲》在当时显然已经出现了多种叠法。关于这一点，苏东坡在《东坡志林》中有关于《阳关三叠》的论述。其原文如下：

“旧传《阳关》，三叠。然今世歌者，每句再叠而已。若通一首言之，又是四叠，皆非是。或每句三唱，已应三叠之说，则丛然无复节奏。余在密州，有文勋长

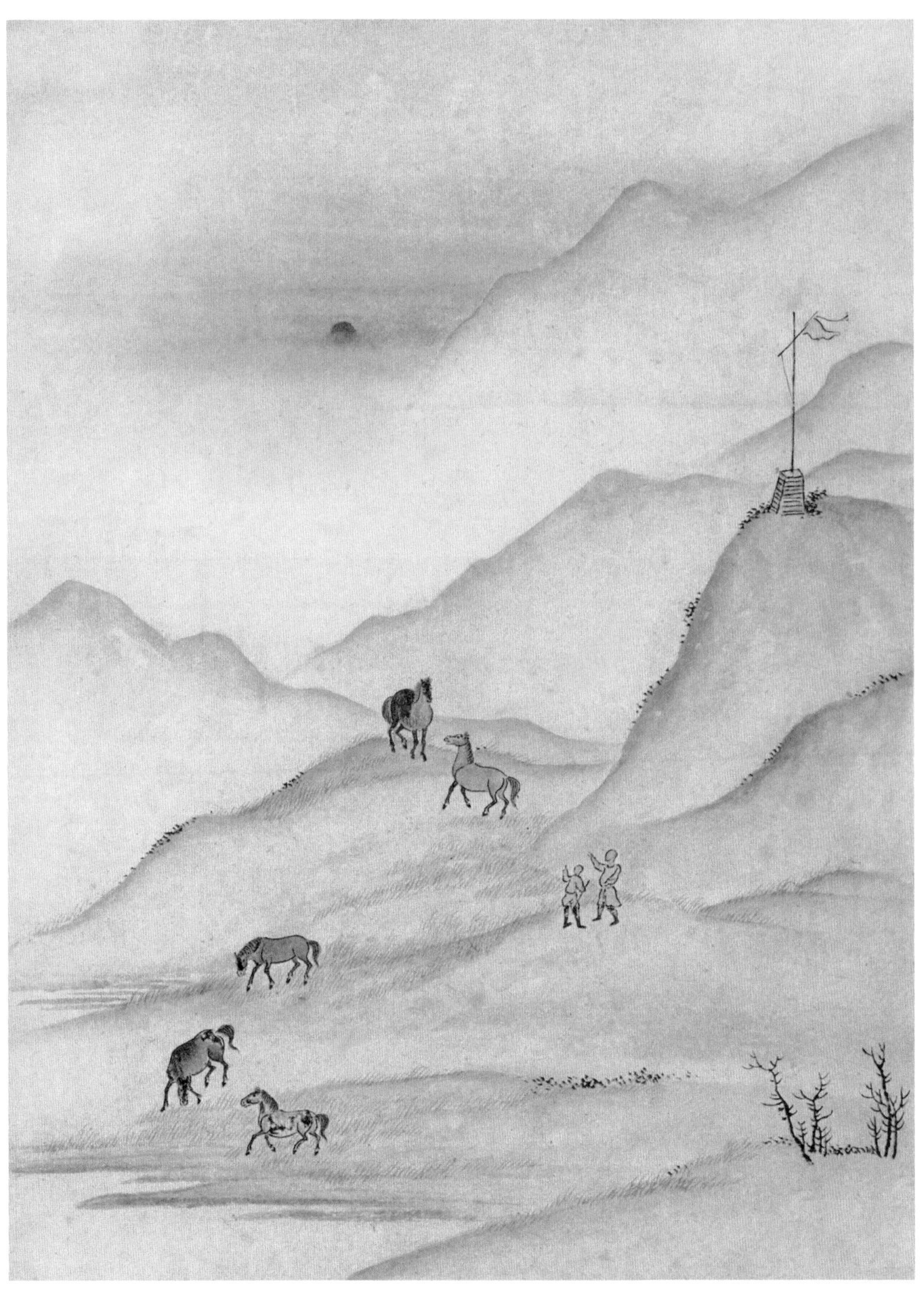

出征图轴（临摹）
徐方（清代）

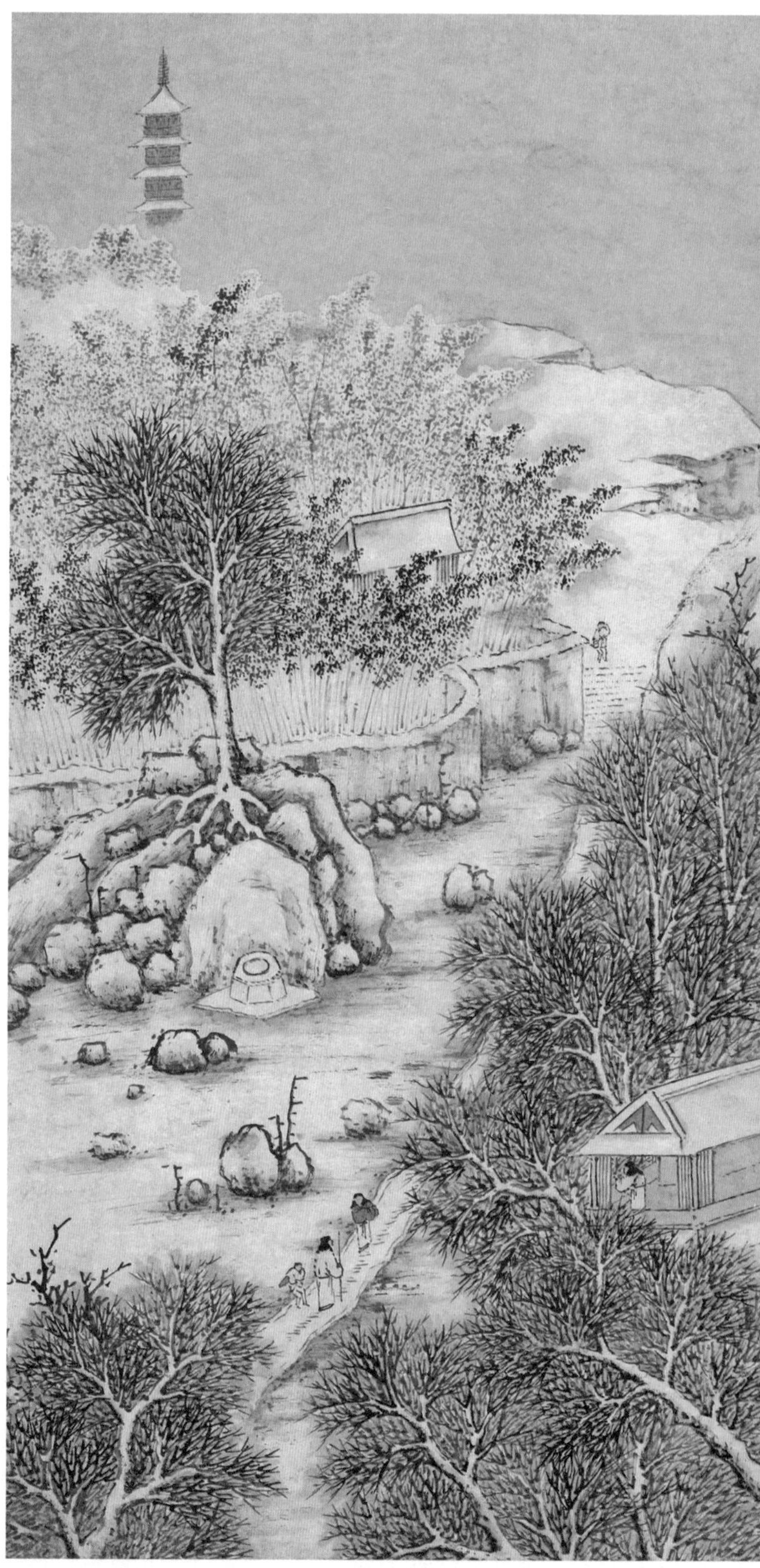

虎丘图轴（临摹）
刘原起（明代）

官以事至密，自云得古本《阳关》，其声宛转凄断，不类，乃知唐本三叠盖如此。及在黄州，偶得乐天《对酒》，云："相逢且莫推辞醉，听唱阳关第四声。"注云："第四声'劝君更尽一杯酒'，以此验之，若一句再叠，则此句为第五声。今为第四声，则一句不叠审矣。"

对于苏轼的这段论述，近人有许多记载和论述，但断句上的原因，使人读起来大有在唐代时就已有《阳关三叠》的曲名的错误概念。在目前所见的资料中，在苏轼以前，只有《渭城曲》、《阳关》或《阳关曲》等曲名，并没有《阳关三叠》曲名，说明在整个唐代，特别是唐代后期，《阳关》一曲虽然出现了有"叠"的《阳关》，但尚未出现"三叠"的《阳关》。近人的论述和记载中基本上是这样对苏轼所述断句的："旧传《阳关三叠》，然今世歌者，每句再叠而已。"虽然这句话与上述"旧传《阳关》，三叠。然今世歌者，每句再叠而已"只差了一个逗号的标点处，但含义已大不一样。如果按近人所断之句，就说明在苏轼之前，已有了《阳关三叠》的曲名，问题是在与苏轼同时代的记载或苏轼之前的记载中，均对此曲称《阳关曲》或《渭城曲》，而没有完整说明《阳关三叠》的曲名称呼。

苏轼的这段论述对我们了解和研究《阳关三叠》在宋代流传的情况极为重要。我们从苏轼的论述中可以看出，到宋代《阳关三叠》已经出现了几种叠法。那么，苏轼所云旧传《阳关三叠》是什么样子？因没有曲谱流传下来，我们暂时无法看到。至于苏轼所述"然今世歌者，每句再叠而已"，倒是可以认为是宋代的一种叠法。今人邓宗舒教授在《〈阳关三叠〉唱法探微》一文中对苏轼的这段结论有以下论述：

"苏东坡'论三叠歌法'文……对当时早已存在的'每句三唱'的唱法持否定态度；但 400 余年后，谢琳在《太古遗音》中仍提到'或每句三叠'，证明这一唱法在 1511 年已经延续至少 400 年，可见其生命力之顽强。"

三叠的具体唱法从今存之传本中可以看出是因人因时而异的。《王右丞集

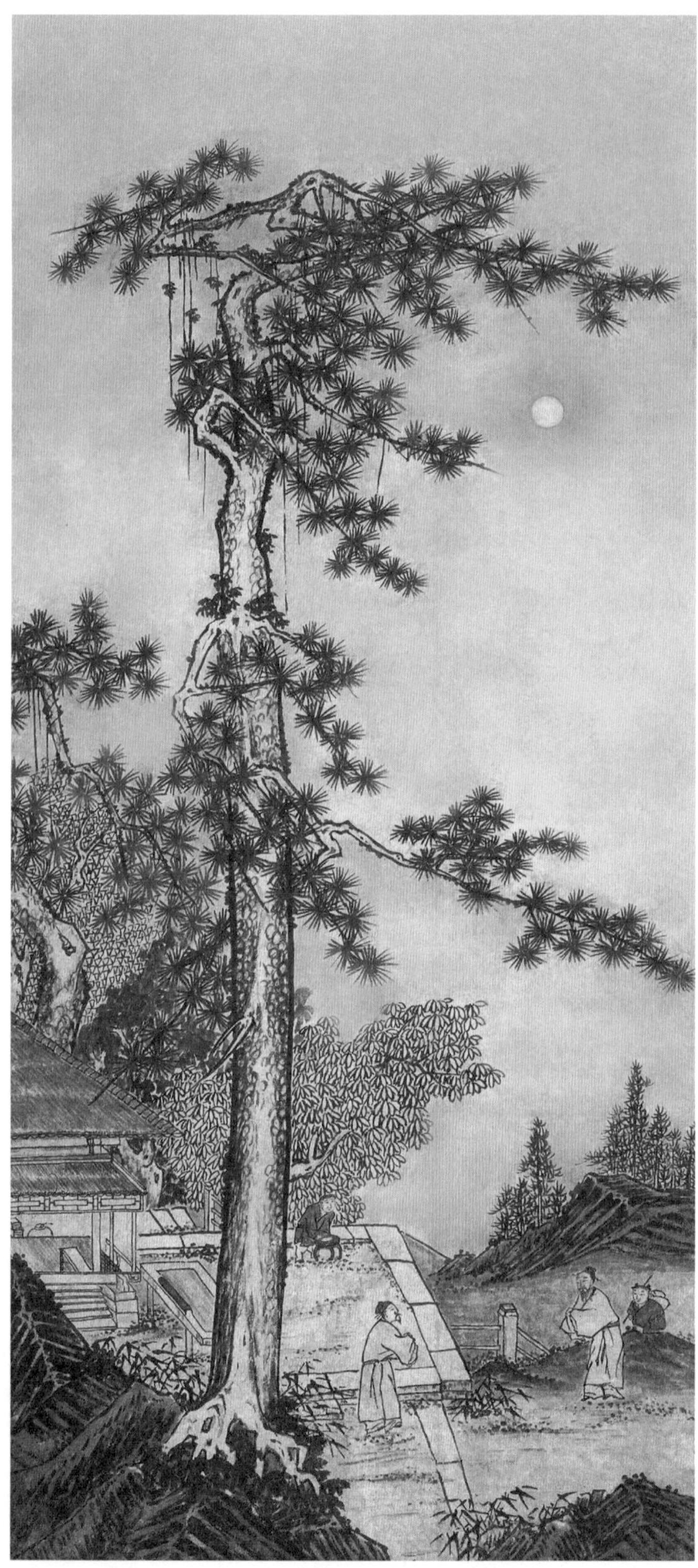

松下送别（临摹）
马远（宋代）

笺注》中则另有一说："至阳关句，反覆歌之，谓之《阳关三叠》。"可见，三叠也只是在某句上重复较多，但在明、清传谱中，其解释则更多，有的甚至是整段重复三次，而不只是某句的重复了。

综上所述，到宋元时，《阳关三叠》除王维的原诗外，就已经有了苏轼所提到的三种唱法，刘永济回忆宋《三续百川学海》丛书提到的两种唱法，徐本立提到的一种唱法，元代《乐府新编阳春白雪》中提到的一种唱法，元代学者李治曾向一位老乐工学唱带和声的《阳关三叠》等，至少已经有了八种唱法，如果把王维的原诗也算上，到宋元时至少应该有九种唱法。这个数字若根据刘永济先生回忆的宋代《三续百川学海》丛书中有一套《阳关三叠》的书，肯定是一个十分保守的数字。不仅如此，在演唱《阳关三叠》的过程中还加上了"和声"等音乐因素，应该说是一种创造。此外，在福建南音中也有一首《阳关三叠》，这首《阳关三叠》的乐曲构思，与王维的诗有关。但它与琴歌《阳关三叠》，在音乐上完全没有关系。它们一个是南音，一个是琴歌，都是佳作，异曲同工。至于南音中的《阳关三叠》产生于何时，目前尚无材料证明，但有一点可以肯定，如果是南音，它的产生不会晚于北宋南迁前后。在中国传统音乐的发展中，许多优秀的作品在其流传过程中，往往会出现多种不同的版本和传谱，像大家熟悉的琴曲《流水》，从明代的《神奇秘谱》开始到清张孔山的"七十二滚拂流水"就有四十余种谱本。《阳关三叠》也是这样，在其流传过程中，不仅在歌词上有了一定的变化，在唱法上也有了多种改变，可见其歌词的内容和唱法深入人心。不仅如此，这首作品在后来的明清时代以及民国初期也出现了三十余种谱本四十多首作品，这在中国文学史和音乐史上也是很少见的。

四、琴歌《阳关三叠》及存谱情况

如果说春秋的《诗经》是我国琴歌发展的第一座高峰的话，那么隋唐时期的琴歌则是琴歌发展史上的第二座高峰。明、清两代出现了一些琴歌专辑，如明代有龚经《浙音释字琴谱》、《谢琳太古遗音》、《黄士达太古遗音》、杨表正《重修真传琴谱》、杨抡《真传正宗琴谱》等，当然很多琴谱收录的也不只是单纯的曲谱，也收有部分琴歌曲谱，如朱厚爝《风宣玄品》、汪芝《西麓堂琴统》、蒋克谦《琴书大全》等。

以《阳关三叠》为曲名的琴曲最早见于约明代弘治四年前龚经编释的《浙音释字琴谱》，最晚见于清末民初杨宗稷纂辑的《琴学丛书》。目前所见古琴谱集中共有四十五部谱书内收录了《阳关三叠》及其相关曲谱，谱本达五十四种。曲名包括“阳关三叠”“阳关”“阳关曲”“阳关操”等。

在这些琴谱中，以“阳关三叠”为曲名的琴曲与以“阳关”“阳关操”“阳关曲”为曲名的琴曲，在琴谱内容如歌词、题解等都有不同程度的相似，甚至有些是完全相同。《新刊发明琴谱》《风宣玄品》《龙湖琴谱》《五音琴谱》《文会堂琴谱》五部古琴谱书内曲名为“阳关”；《真传正宗琴谱》《琴谱合璧》《桐园草堂琴谱》《裛露轩琴谱》四部古琴谱书内曲名为“阳关操”；《谢琳太古遗音》《黄士达太古遗音》《明和本东皋琴谱》《张鞠田琴谱》《立雪斋琴谱》五部古琴谱书内曲名为“阳关曲”，其余诸谱如《重修真传琴谱》《琴学初津》《琴学摘要》《阳春堂琴谱》《枕经葄史山房杂钞》《太古正音琴谱》《琴学丛书》《希韶阁琴谱集成》《双琴书屋琴谱集成》《清湖琴谱》《琴学入门》《古音正宗》《真传正宗琴谱》《青箱斋琴谱》《乐仙琴谱》《琴书千古》《绿绮清韵》《乐山堂琴谱》《友石山房琴谱》等收录琴曲均为《阳关三叠》。

这些琴谱，在谱内歌词和段数上有些存有不同。虽如此，但它们绝大多数的“源”和“根”都是相同的：其一是因为每首曲调中四句基本辞调的配曲均是相似的；其二是因为无论段数怎么改变，单一也好复杂也罢，总归感怀与离别的伤情贯穿于音乐的始终，依依惜别的伤怀之情让听者在内心中产生强烈的共鸣。

小板块：“琴歌”

琴歌，早先人们将之界定为“以琴伴奏，自弹自唱”的一种表演形式，胡郁青在《中外声乐发展史》中将其补充为“琴歌是指有歌词的琴曲，它是琴艺

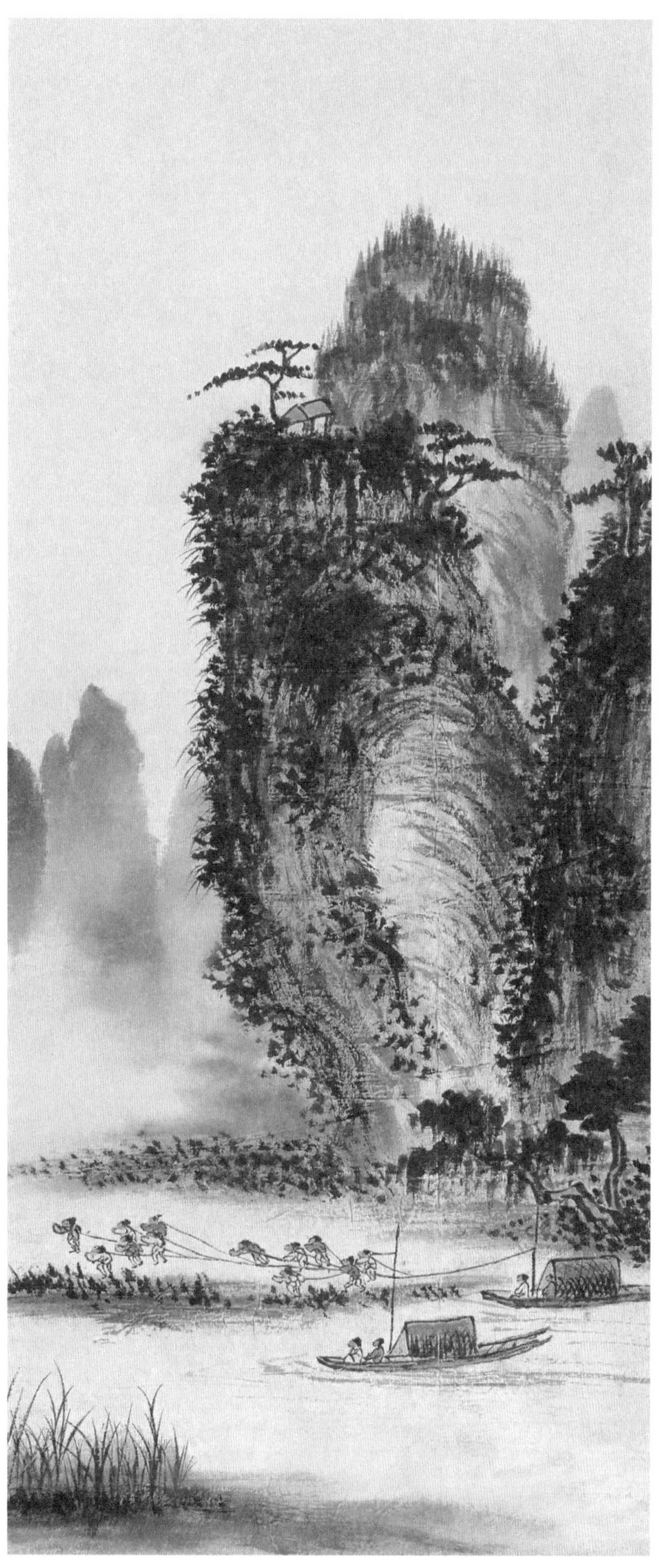

浔江送别图（临摹）
石涛（清代）

术在发展过程中与声乐艺术相结合而产生的一种独特音乐体裁”，但仍有未尽之处。“琴歌”名称的确立与琴之关系不言而喻，故而常称其因以琴伴奏而得名，可见琴歌从音乐表演形式上来看是一种声乐艺术形式且以歌唱为主、鼓琴为辅的表演形式。《尚书·益稷》有“搏拊琴瑟以咏”的记载，故而琴歌的演唱是以自弹自唱的形式为主，然《庄子·大宗师》载“或编曲，或鼓琴，相和而歌”的琴歌形式则是唱和相间的，以器乐相和的古老唱和形式为主。在表演形式上的相似性使弹唱相和作为琴歌的共同特征，但细节上特别是歌唱的声线与器乐间的关系仍存在细微差异性，差异性的最大表现是琴歌中唱词的主体性成分所占的比重。

五、琴曲结构意境分析——以《琴学入门》内歌词为例

清和节当春，渭城朝雨浥轻尘，客舍青青柳色新。劝君更尽一杯酒，西出阳关无故人。霜夜与霜晨，遄行，遄行，长途越度关津，惆怅役此身。历苦辛，历苦辛，历历苦辛，宜自珍，宜自珍。

渭城朝雨浥轻尘，客舍青青柳色新。劝君更尽一杯酒，西出阳关无故人。依依顾恋不忍离，泪滴沾巾，无复相辅仁。感怀，感怀，思君十二时辰。商参各一垠，谁相因？谁相因？谁可相因？日驰神，日驰神。

渭城朝雨浥轻尘，客舍青青柳色新。劝君更尽一杯酒，西出阳关无故人。芳草遍如茵，旨酒，旨酒，未饮心已先醇。载驰骃，载驰骃，何日言旋轩辚？能酌几多巡？千巡有尽，寸衷难泯。无穷的伤感，楚天湘水隔远滨，期早托鸿鳞。尺素申，尺素申，尺素频申，如相亲，如相亲。

噫！从今一别，两地相思入梦频，闻雁来宾。

《琴学入门》谱内歌词原文

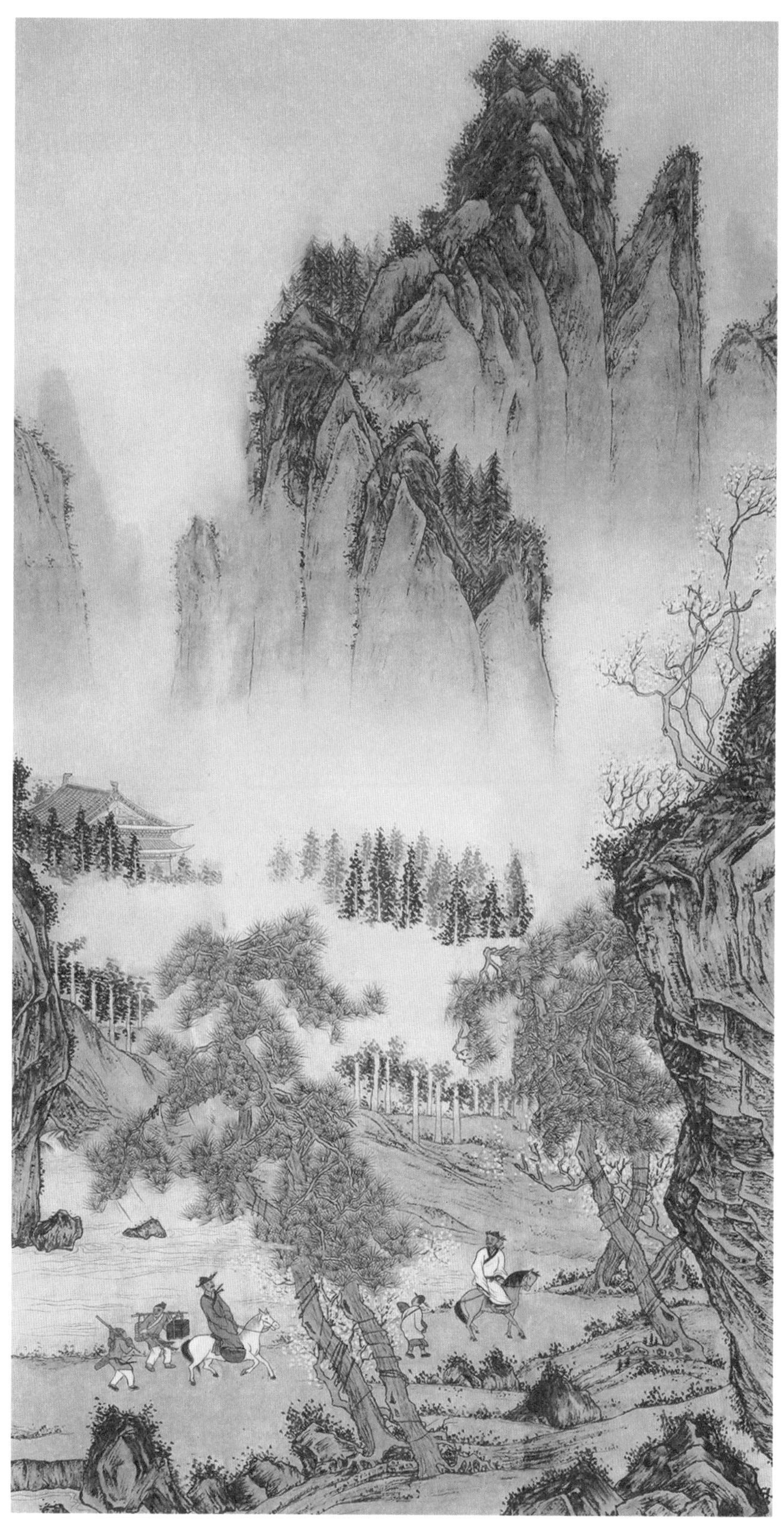

山水（临摹）
王维（唐代）

1. 结构分析

《阳关三叠》以一个基本的曲调将原诗“渭城朝雨浥轻尘，客舍青青柳色新。劝君更尽一杯酒，西出阳关无故人”反复咏唱三遍。音乐开始以“清和节当春”作为引句，每叠的后缀又不尽相同，有点类似副歌的性质。全曲用古琴音色所特有的幽寂空灵与哀婉萧然，加以变奏体的长短句形式，分别抒发了诗词中“宜自珍”的关切、“泪滴沾巾”的忧伤和“尺素申”的期待，兼有情节的叙事性与情感的表达性，使得这首琴歌作品更具深刻的哲学内涵和审美意味，含蓄蕴藉，韵味无穷。

全曲分为三大部分，后面两段是第一段的变化与重复，并且可以说是运用相同的一个曲调来变化演唱的，重复叠唱三次，故称为“三叠”。

第一叠主要以王维《渭城曲》为主题歌词的音乐部分，从“遄行”开始进入副歌。音乐出现八度跳跃，变化起伏很大，歌词变为长短不一的句子。在第一叠中，集中地表现了作者在送别友人过程中的伤感与无奈之情。

第二叠是第一叠的变化与重复，其内部变化不明显。与第一叠的基础音乐轮廓相比，第二叠的变化主要集中在主歌部分，主歌的变化首先反映在后两句，旋律走向让情感变得更加低沉，副歌部分与第一叠大致一样，其中“依依顾恋不忍离，泪滴沾巾”的旋律更加凸显了分别的悲伤情绪。

第三叠的主歌是第一、第二叠的集合，副歌部分变化较大，音乐与歌词都做出了一定的改动，音乐起伏跌宕，全曲高潮“千巡有尽，寸衷难泯”出现。后续的音乐节奏由快至慢，直至“千巡有尽，寸衷难泯”处结构紧凑，至“无穷”二字时将压抑的情感爆发，而后音乐“伤感”略带哭腔，音量逐渐变弱，概括了第一、第二叠所表达的情绪，延伸了作者与友人依依不舍，日后不能相见只能寄托于梦的无奈伤感之情。

经过上千年的发展，我们今天所见的《阳关三叠》的词已经不再是王维的七言绝句了，它的篇幅和结构已经超出了七言绝句，把原诗的 28 字改变为长短句共 261 字，乐曲随之起伏变化，加之反复叠唱以及和声，使歌曲情感缠绵悱恻、荡气回肠，加重了惜别的气氛，增强了感染力。

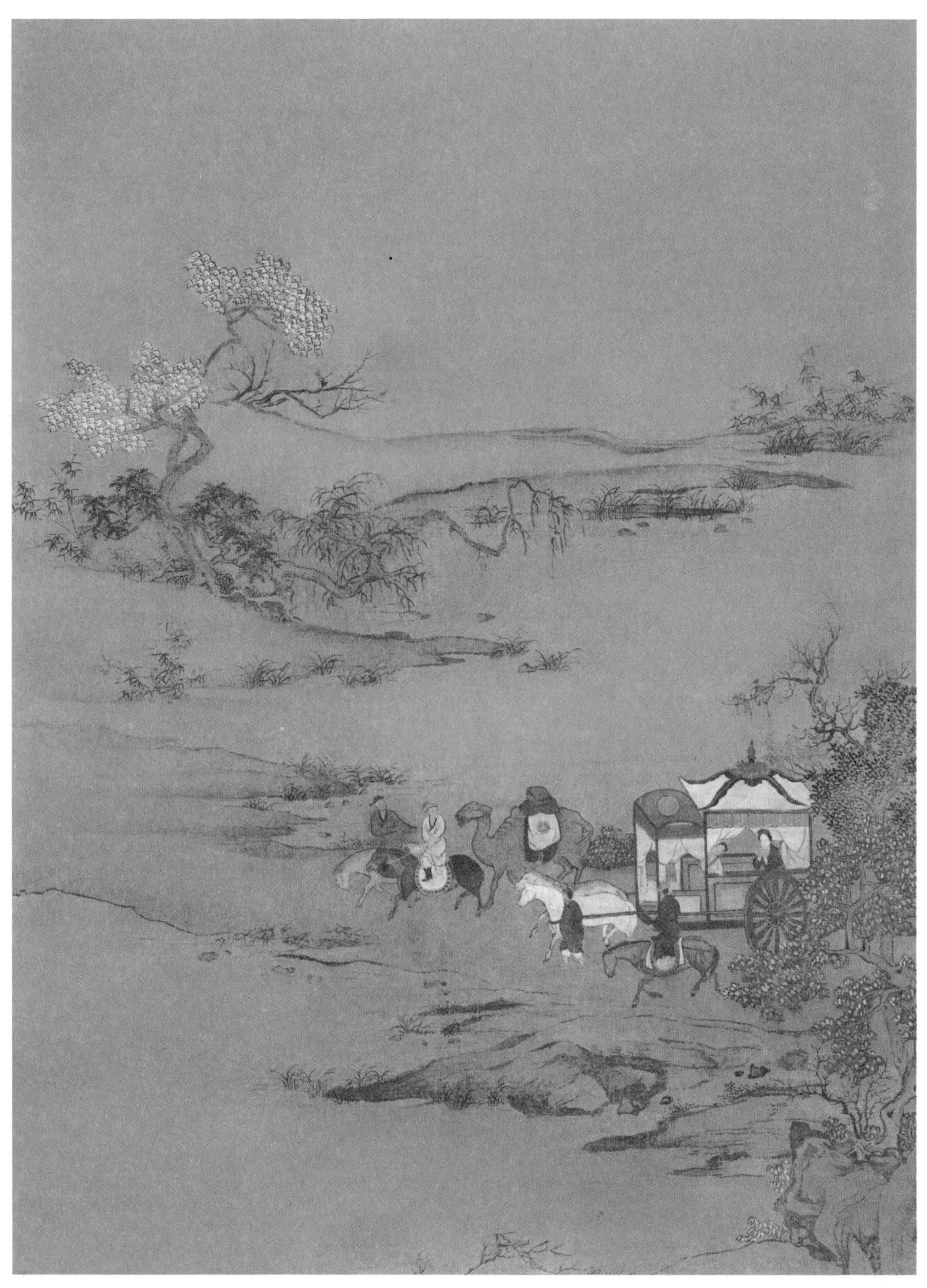

昭君出塞图（临摹）
王行（明代）

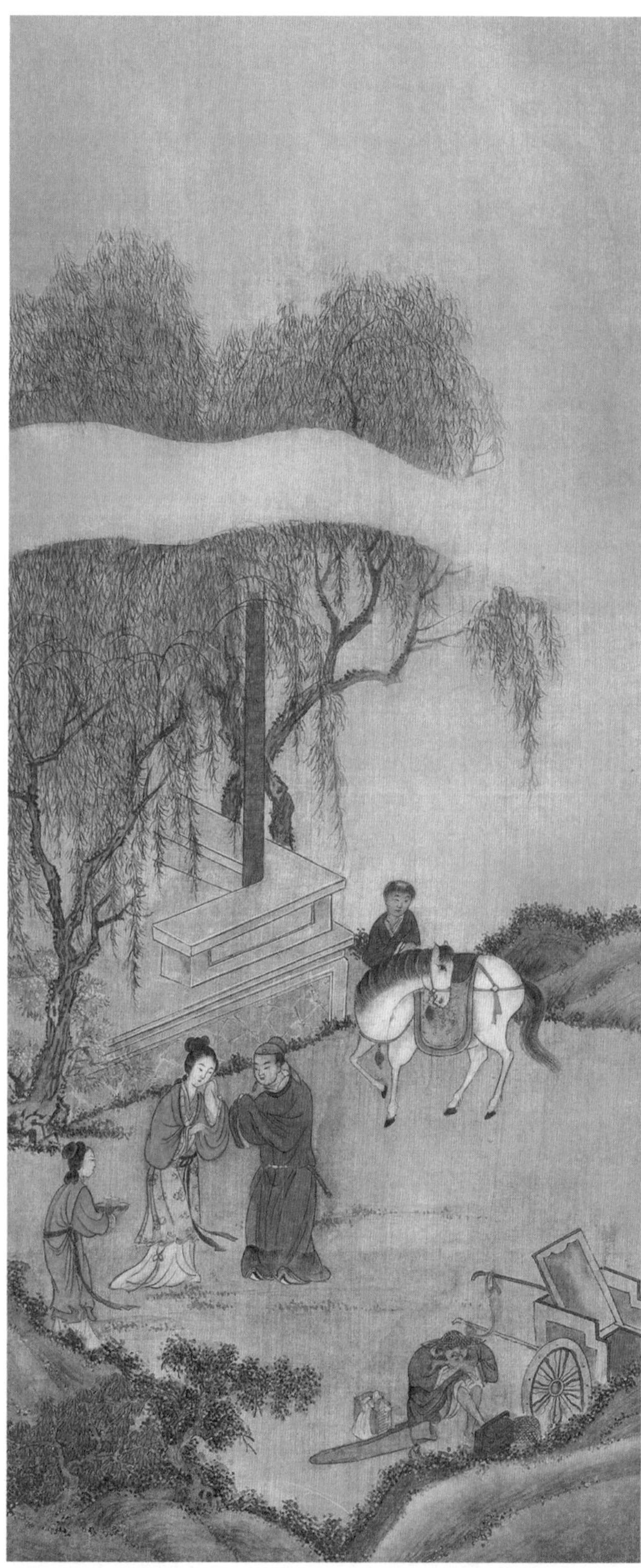

送别图（临摹）
禹之鼎（清代）

2. 意境阐微

琴歌上半阕以王维的四句诗贯穿始终，前两句意在写景，即眼中所见，后两句重在抒情，即心中所想。四句诗词的旋律，以中国民族商调式的五声音阶为基础，变化反复，叠唱三次；主歌部分的曲调舒缓级进，琴声古朴而典雅，歌韵柔和而深情；乐句间起、承、转、合的有序连接，显得层次分明，真切动人；句末商音的多次重复，在琴声按音、吟猱音的技巧表现和歌韵凄切哀婉的言语表达中，给人以送别之际千叮咛万嘱咐的感伤，犹如故人临行之际，执手把酒、泪眼相看、娓娓道来的一幅画面，饱含着缠绵、悲怨的无限深情。

琴歌下半阕的诗词，是后人在王维原作的基础上，加以发挥、夸张，首尾遥相呼应，言语诉说更加直白奔放，情感表达更加豪迈深沉。音乐以倒置的重音节拍、富于韵律感的切分节奏，与羽调式舒展反复的旋律完美结合，使得忧思、惆怅的情感随着词曲的逐渐深入而层层递进。

第一段"遄行，遄行"的八度大跳，及其后"历苦辛"连续反复的阐述音调，琴声以稍有力度的滑音、颤音，与歌韵圆润通透的声腔相复合，使得琴歌苍凉有力、跌宕起伏、富于激情，诉说了背井离乡的路途之遥与行役之苦，体现了诗人送别劝告"宜自珍"时的满腹担忧与牵挂。

第二段"依依顾恋不忍离，泪滴沾巾"，琴声与歌韵的低沉呜咽、百转千回，贴切地描述了依依惜别的不舍与"思君十二时辰"的留恋，并为琴歌之后的情绪的起伏跌宕做了很好的铺垫。

第三段音域继续扩展，节奏更为紧凑，速度明显加快。"载驰骃，载驰骃，何日言旋轩辚？能酌几多巡？"急促而突出的节奏变化，"千巡有尽，寸衷难泯"由弱及强、由慢及快的字字慨叹，以及"无穷的伤感"的拉伸与延展使得琴声大刀阔斧地重压揉弦，歌韵铿锵有力、掷地有声，琴声与歌韵在最大幅度上得以融和，对诗词内容表达和音乐情绪渲染产生了强大的推动力，顺利到达作品的高潮。作"此处无声胜有声"的稍歇停顿之后，琴歌渐趋舒缓，在中强力度上恢复原速，再现了下半阕部分的主题旋律，琴声与歌韵又一次以其丰富逼真的"表情"变化，重申了不忍别离又不得不离的缱绻难舍、柔肠寸断之情。

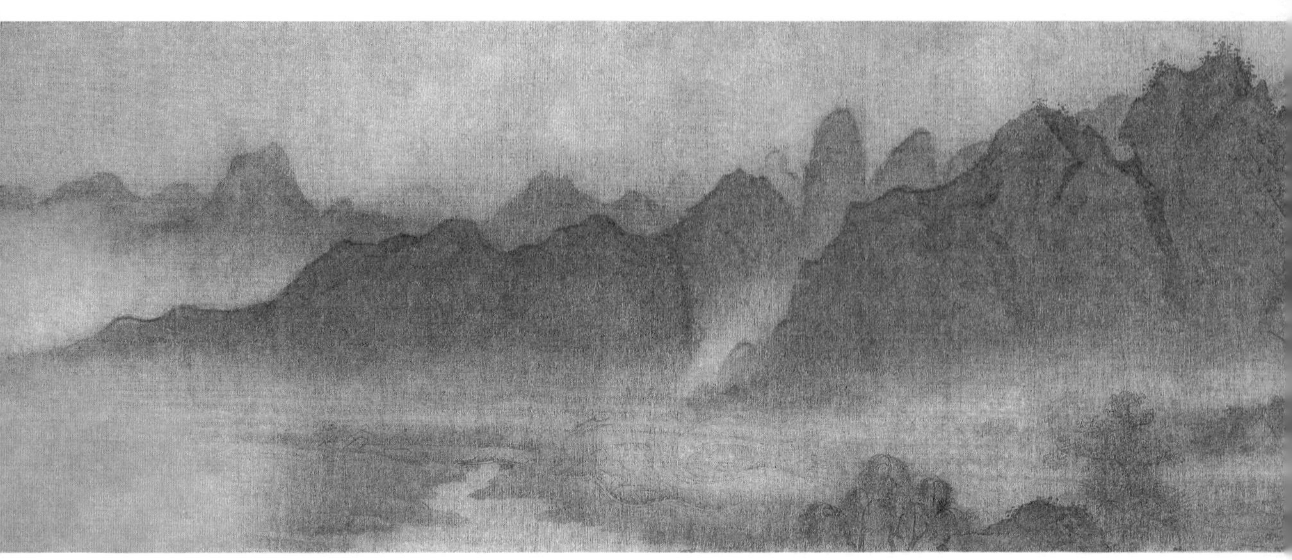

出使北疆图（临摹）
杨邦基（宋代）

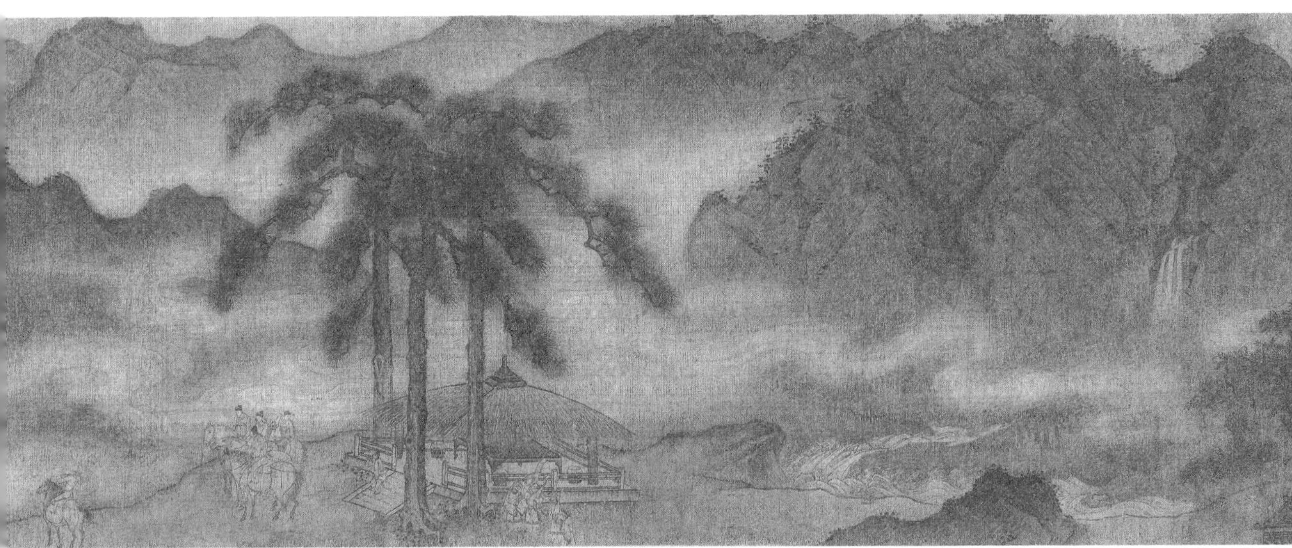

尾声部分，“噫！”伴随一声悲凉无奈的叹息，琴歌的尾声渐慢、渐弱。最后以商音重复作为结束音，做了全曲调式的归结。琴声用静谧缥缈的泛音奏出，歌韵凄怆、旷远而悠长。琴歌在袅袅余音中，好似描绘出一幅阳关古道上，故人西辞，长袖飘飘，注目凝望的静态告别场景，又宛若带着浓浓的离愁别绪，进入迷蒙的幻境一般，共携“相思入梦”，在无尽的牵挂与依恋中，期待“闻雁来宾”。

古往今来，众多的骚人墨客将琴歌《阳关三叠》广泛传唱，“阳关”一词似乎已成为诗词文学中“伤别离”的同义语，演绎出一段段优美绝伦的人间佳话。它的琴声以忧郁激荡的音乐曲调，与歌韵古香古色的诗词吟唱相结合，巧妙地创造出一种如临其境、如感其情的真切意蕴，展示了中国传统文化艺术的丰富魅力。它不仅为中国琴歌这种艺术形式的进一步繁荣发展奠定了坚实的历史基础，而且也当为今天多元化的民族音乐创作提供一种宝贵经验。

六、《阳关三叠》的艺术价值

文学是借助语言形式表现情感的一门艺术，音乐是以声音为媒介来传达感情的艺术，《阳关三叠》将两种具有不同特点的艺术形式巧妙地结合在一起，创造出另一种艺术境界。《阳关三叠》的歌词取材于富有中国传统文化气息的古诗词，充分展现了我国古典诗词的意境之美，饱含古典的韵味。王维把诗、乐、画三种艺术形式集中为一体，兼而有之，第一、第二句“渭城朝雨浥轻尘，客舍青青柳色新”描绘了一幅初春的风景画，第三、第四句“劝君更尽一杯酒，西出阳关无故人”就是一首离别歌。王维的诗，意境哀而不伤，柔而不弱。《阳关三叠》以中国传统音乐忧郁哀婉的曲调配上古香古色的诗词，展示了中国传统艺术的魅力，它在词曲结构方面与意境的结合充分体现了文学与音乐的高度统一，具有令人信服的感染力。

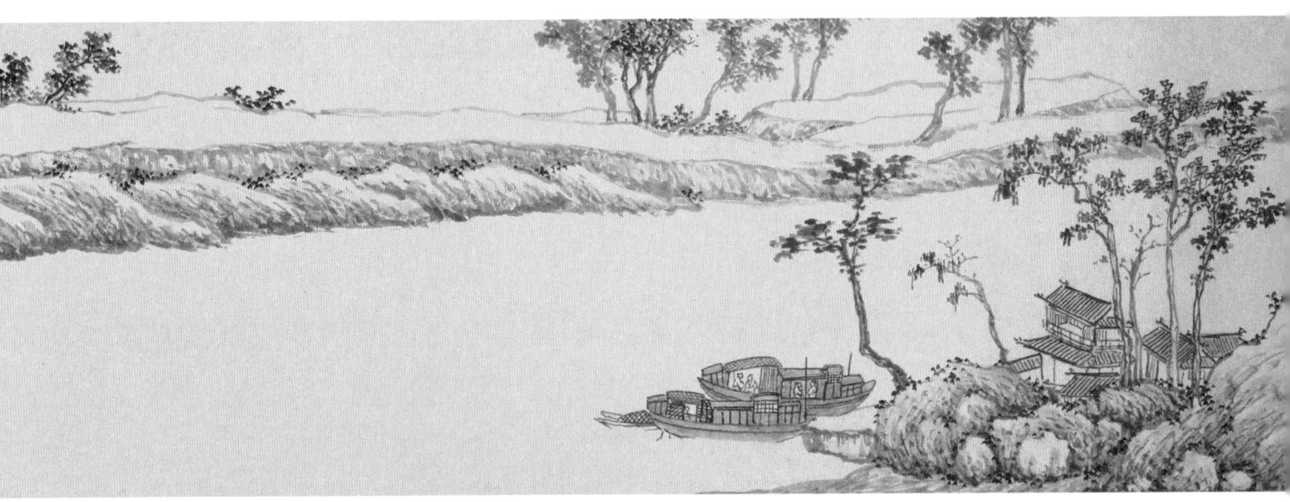

京口送别图卷（临摹）
沈周（明代）

七、结语

《阳关三叠》是古代文人心灵的艺术外化表现．在中国古典艺术中，音乐和诗歌始终存在着密切关系，诗歌所呈现的意境与音乐相互补充、相互融合，更是将原诗的意境深远化，从不同的感官角度深化其意境。《阳关三叠》正是这种艺术形式的典型体现，且正如王维“诗中有画，画中有诗”的艺术特色，透过琴音，诠释出了一幅千古优美画卷。

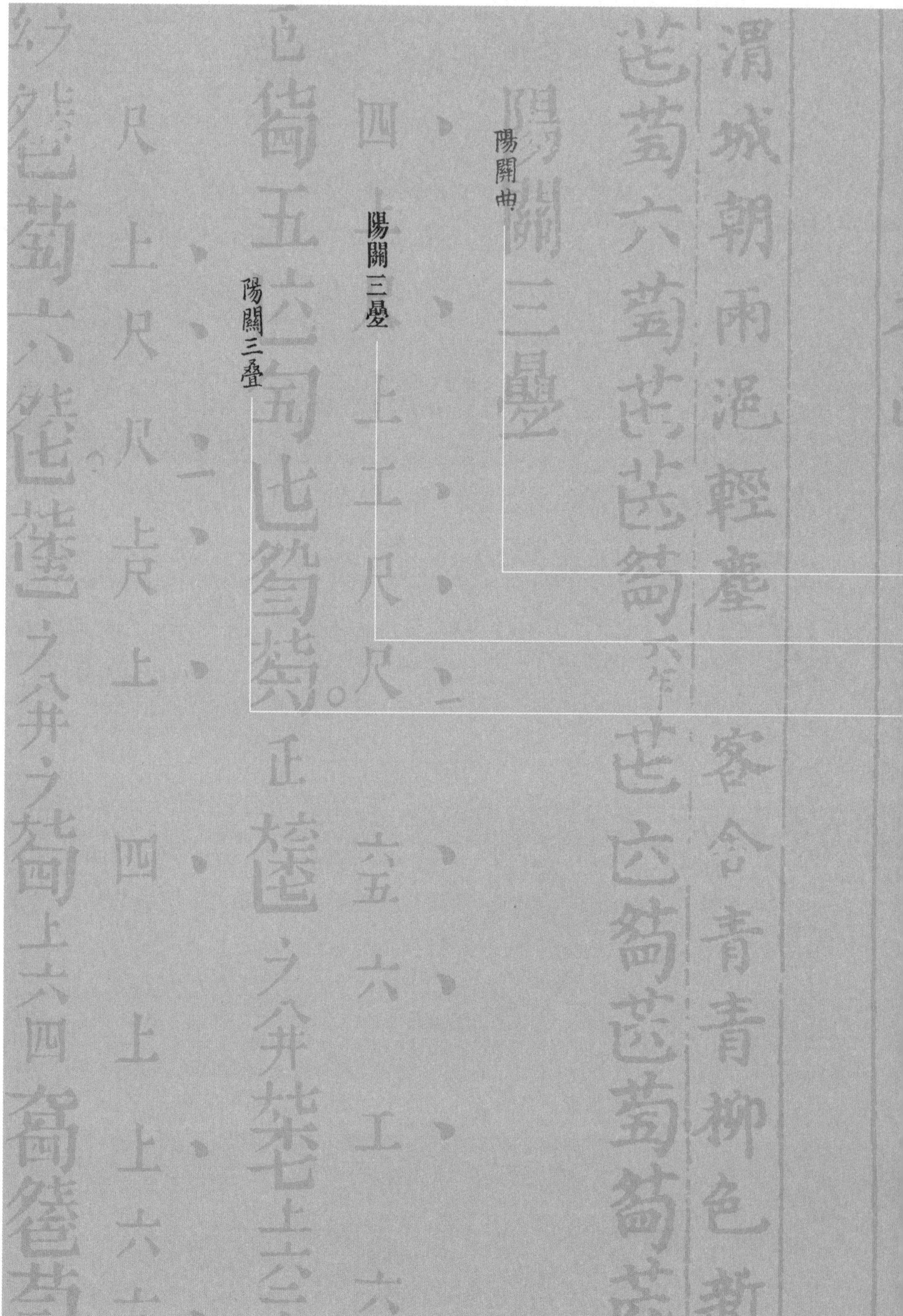

陽關曲

陽關三疊

陽關三叠

A 谢琳太古遗音

B 琴学入门

C 希韶阁琴谱集成

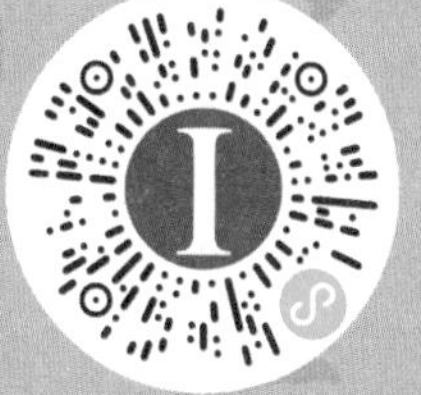

微信扫码听曲

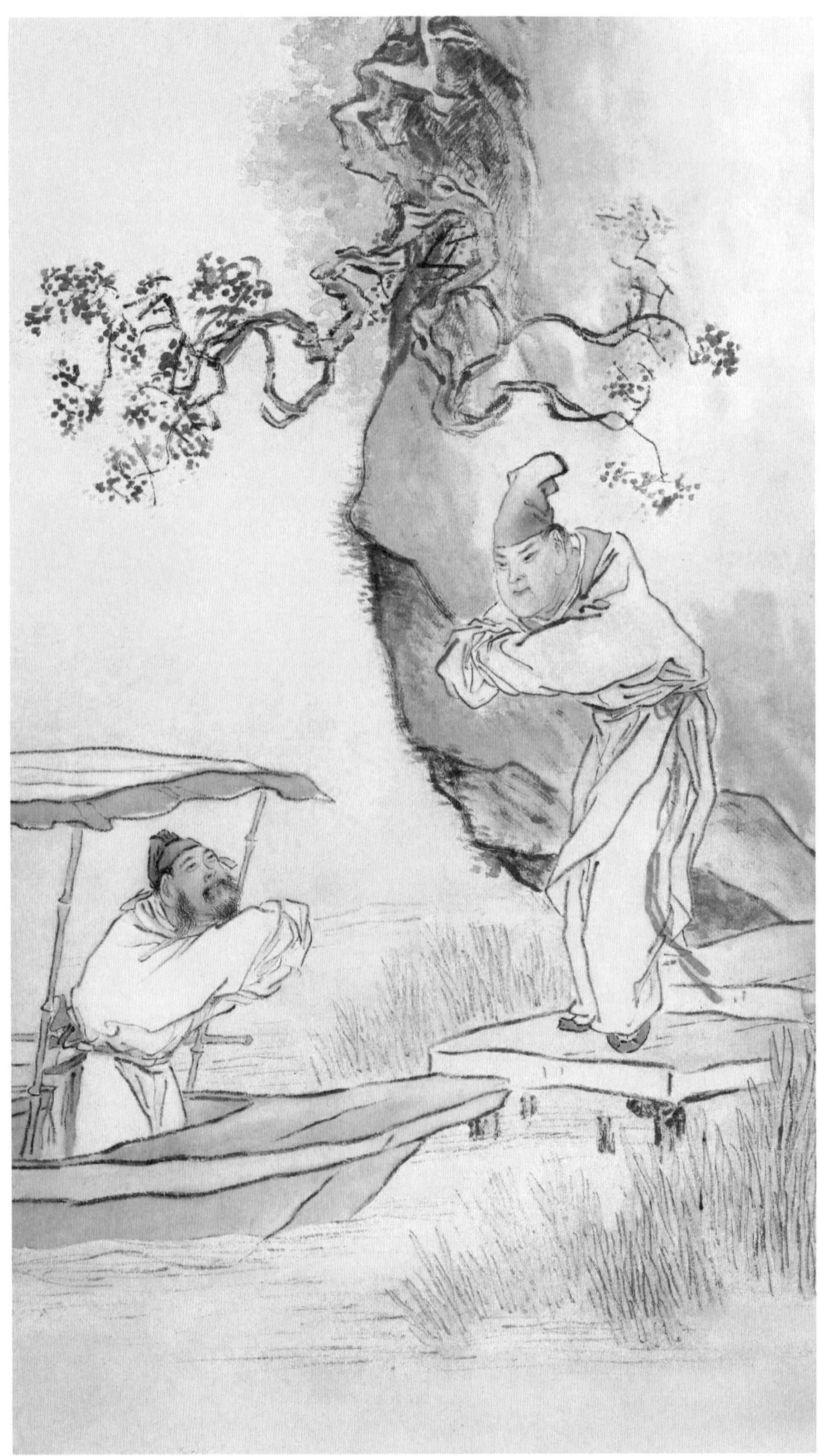

桃溪送别图（临摹）
沈心海(1855—1941)

谱书概述

《谢琳太古遗音》，明刻本，三卷，明谢琳编集。谱内共收录三篇序跋，分别是正德六年（1511）张鹏序，正德七年（1512）何旭序及正德八年（1513）何庄跋。全书内容包括左右手指法释义和曲谱。曲谱中收录了唐虞、三代时期，春秋、秦汉时期，晋、唐、宋时期所产生的琴歌曲谱，共计三十六首，曲谱皆有歌词，是目前出现较早的琴歌谱集之一。

谢琳，明代正德年间人氏。据他所辑《谢琳太古遗音》琴谱的残序和赋、跋介绍，他生活在新安（今安徽省境内），以“黄山居士”自称，又名谢良璧，别号雪峰。

本编所录曲谱为谱内第三十一曲《阳关曲》，不分段，有曲意题解，减字谱旁并注有歌词内容。

唐

陽關曲

按三疊之詞始於王維渭城朝

雨之作也或云句句三疊或云

只用第三句三疊今之爲是詞
如曰青山無數白雲無數淺水
蘆花無數是又一變而爲詞中
三疊也後人以此被之管絃者
本此

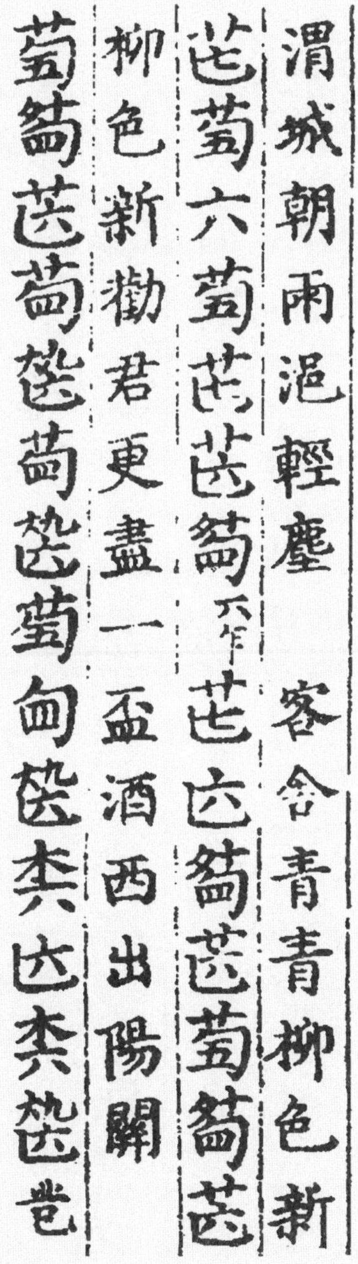

渭城朝雨浥輕塵　客舍青青柳色新
芒菂六菂芒茵萄六乍芒匹萄茵菂萄茵
柳色新勸君更盡一盃酒西出陽關
菂萄茵萄䓁萄䓁菂匍䓁杏匹杏䓁芭

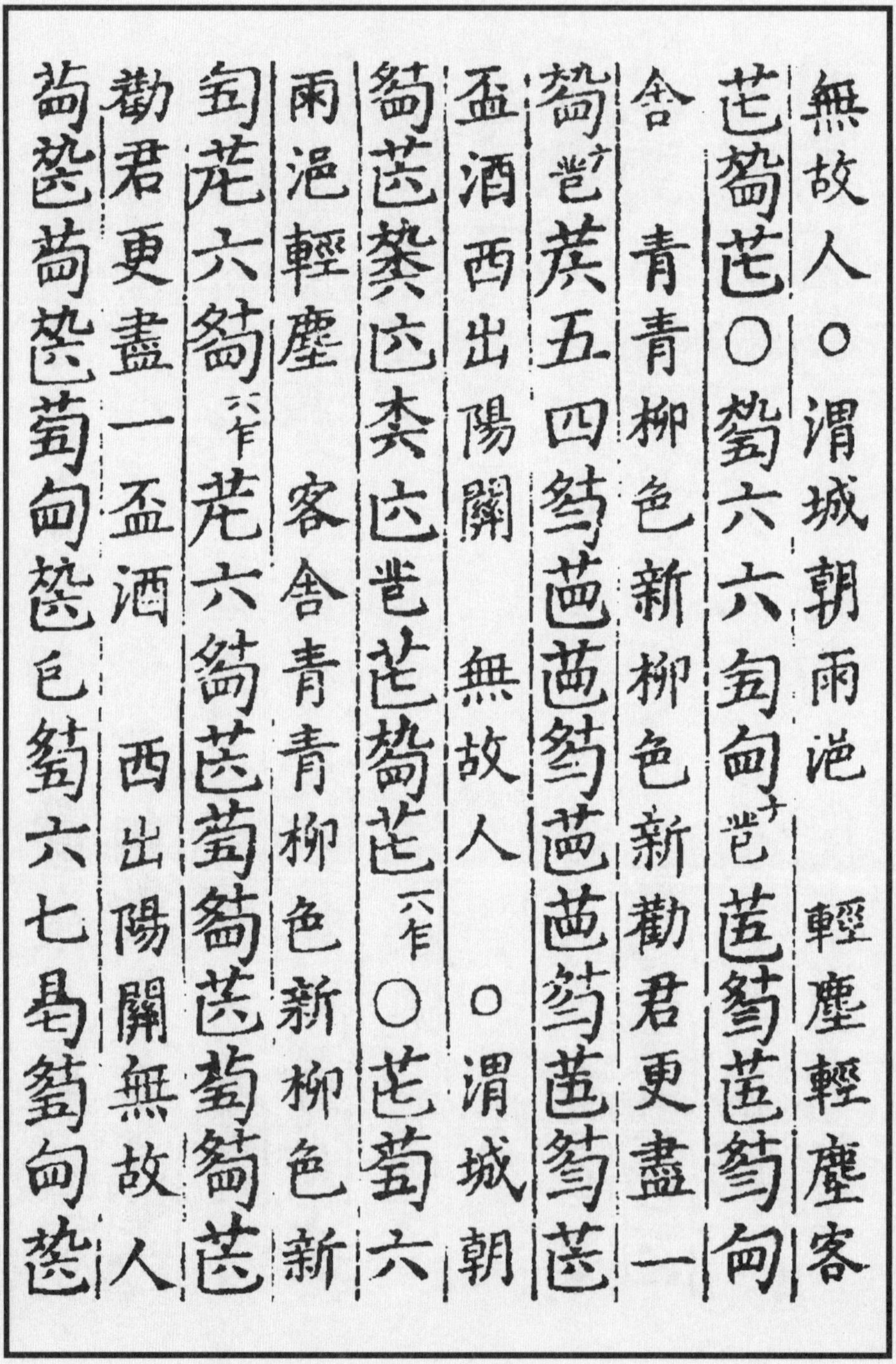

無故人○渭城朝雨浥　輕塵輕塵客
芑芍芑○芍六六匀句芑茧芍茧芍句
舍　青青柳色新柳色新勸君更盡一
芍芑茂五四芍茴茴芍茴茴芍茧芍茧
盃酒西出陽關　無故人○渭城朝
芍茧䒭匹夸匹芑芑芍芑六作○芑芍六
雨浥輕塵　客舍青青柳色新柳色新
匀茫六芍六作茫六芍茧芍芍茧芍芍茧
勸君更盡一盃酒　西出陽關無故人
芍芑芍芑芍句芑色芍六七咼芍句芑

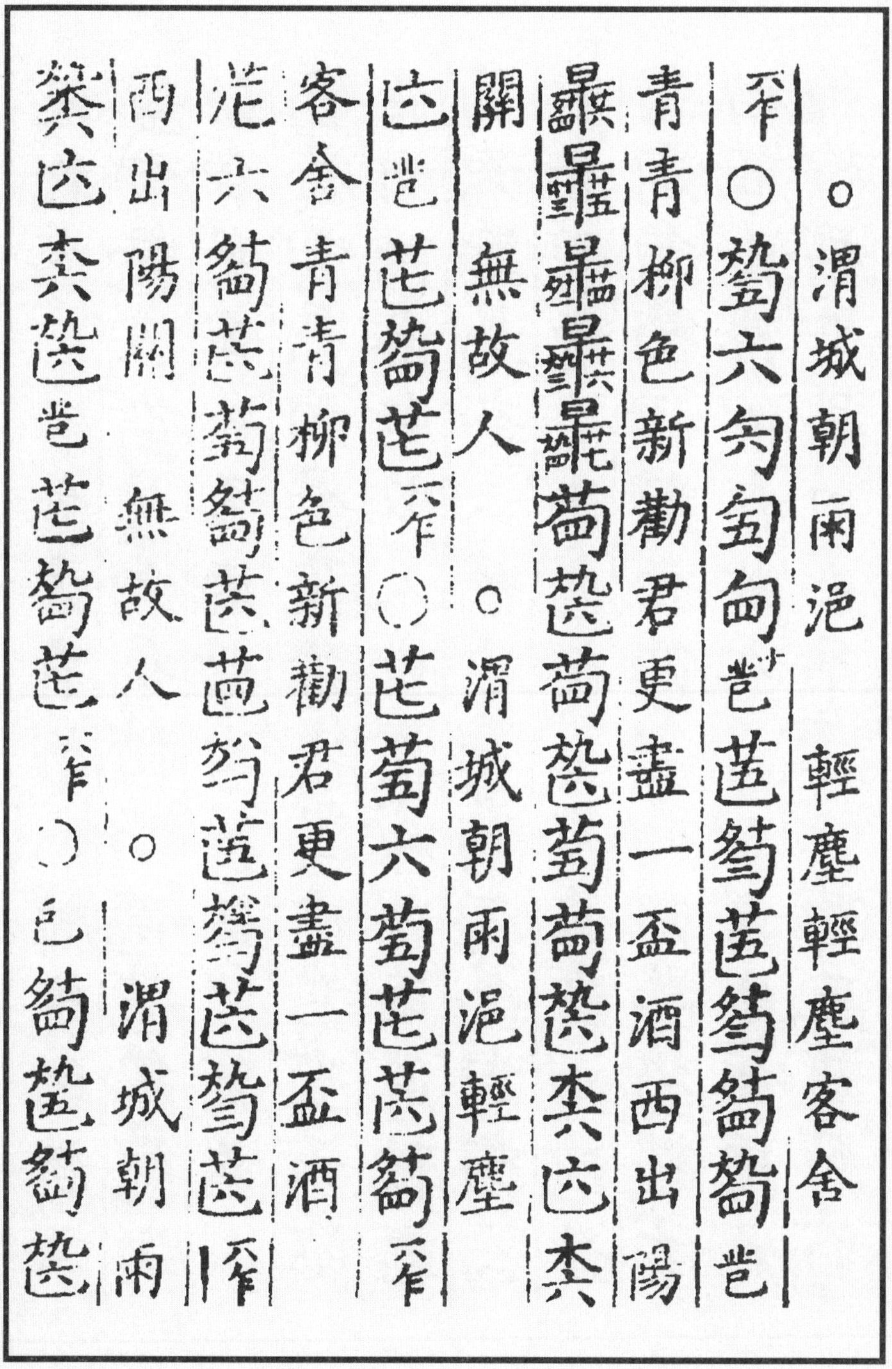

○渭城朝雨浥　輕塵輕塵客舍

青青柳色新勸君更盡一盃酒西出陽

關　無故人　○渭城朝雨浥輕塵

客舍　青青柳色新勸君更盡一盃酒

西出陽關　無故人　○渭城朝雨

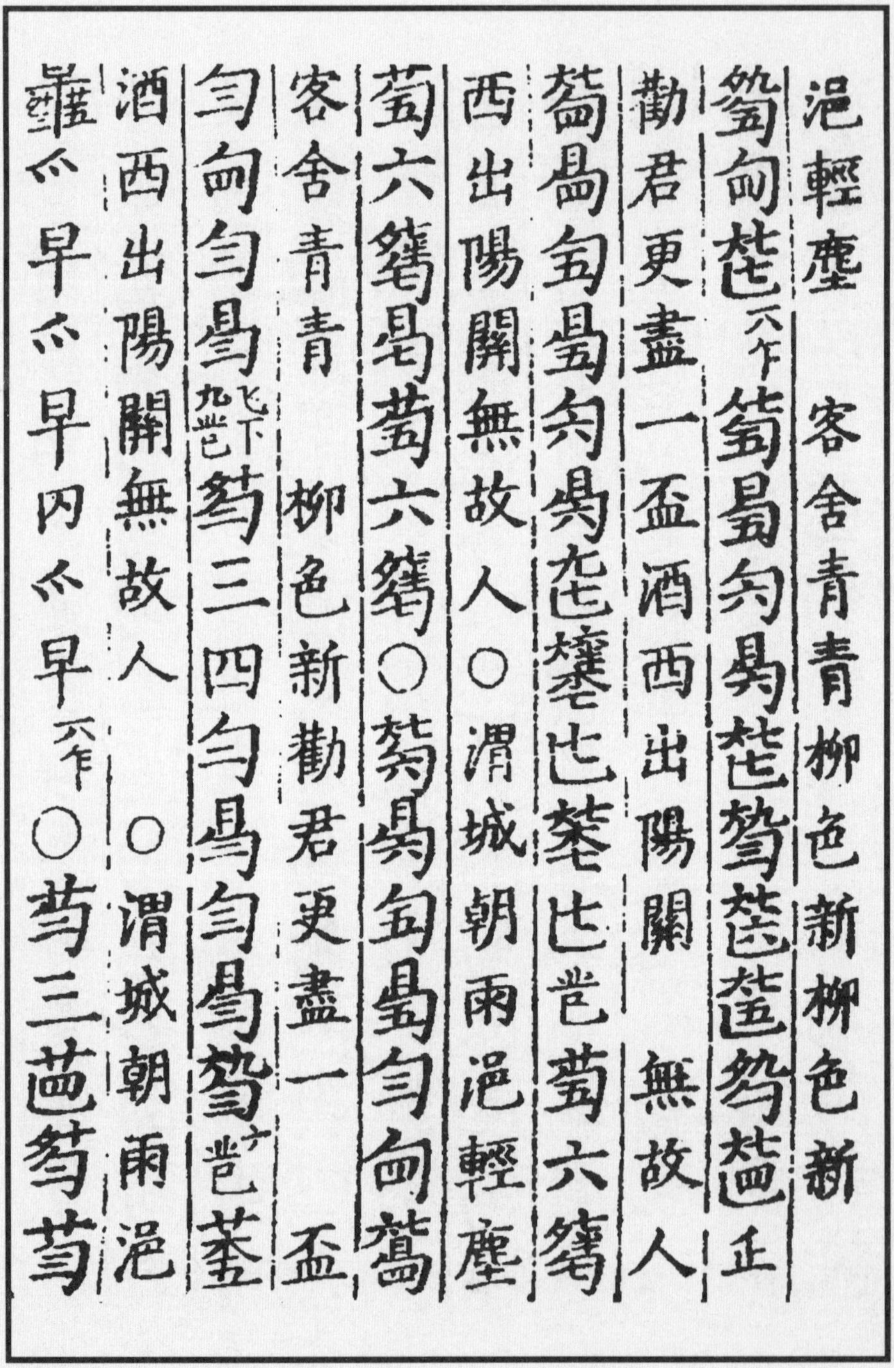

浥輕塵　客舍青青柳色新柳色新

[illegible]六乍[illegible]

勸君更盡一盃酒西出陽關　無故人

[illegible]

西出陽關無故人○渭城朝雨浥輕塵

[illegible]六[illegible]六[illegible]○[illegible]

客舍青青　柳色新勸君更盡一　盃

[illegible]三四[illegible]

酒西出陽關無故人　○渭城朝雨浥

[illegible]早[illegible]早[illegible]早六乍○[illegible]三[illegible]

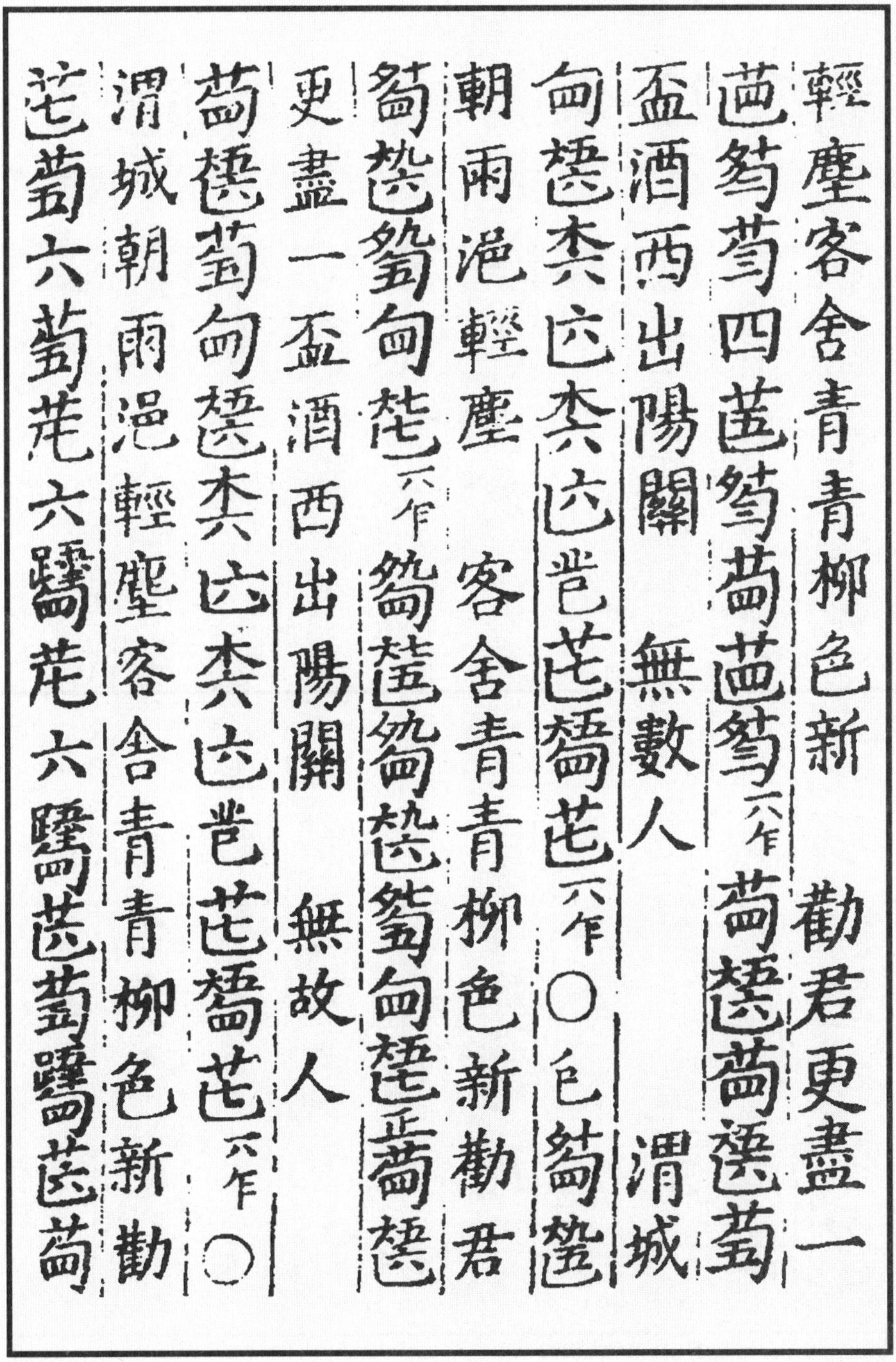

輕塵客舍青青柳色新　勸君更盡一
茴笃芍四莒笃茴茴笃六乍茴蓓茴蒸茴
盃酒西出陽關　無數人　渭城
句琶夳亾夳亾巴芒蕎芒六乍○色蓊蓥
朝雨浥輕塵　客舍青青柳色新勸君
蓊蓥蓊句芼六乍蓊蓙蓊蓥蓊句琶蓊蓙
更盡一盃酒西出陽關　無故人
蓊蓙蓊句琶夳亾夳亾巴芒蕎芒六乍○
渭城朝雨浥輕塵客舍青青柳色新勸
芒蓊六蓊芼六蹬蓊芼六蹬莒蓊蹬莒蓊

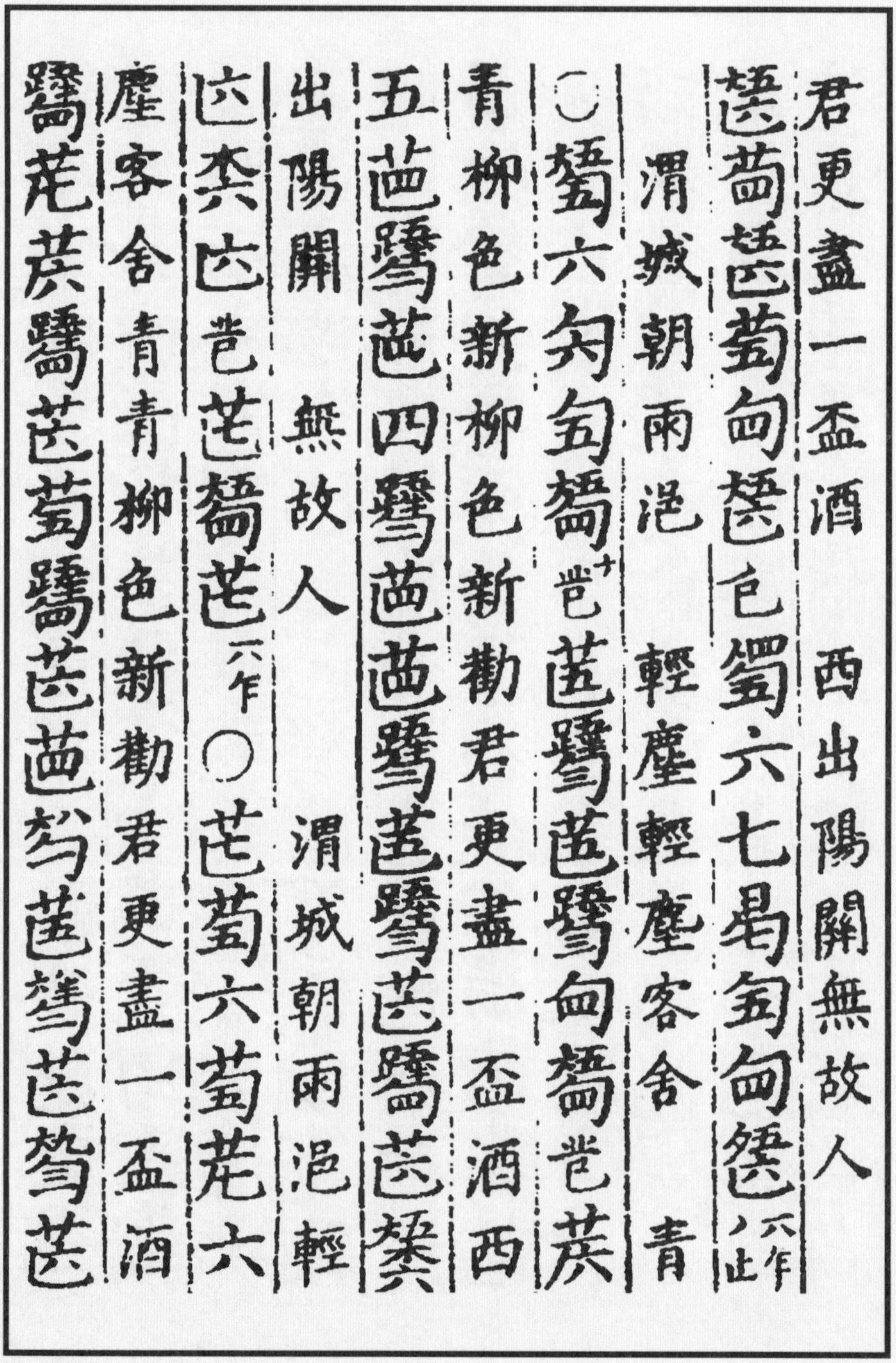

君更盡一盃酒　西出陽關無故人

甚茍甚蓟句甚色蜀六七曷匀句甚六作ノ止

渭城朝雨浥　輕塵輕塵客舍　青

〇蓟六匀匀蕎芑十芑𧄻芑𧄻句蕎芑蔟

青柳色新柳色新勸君更盡一盃酒西

五茴𧄻茋四𧄻茴茴𧄻茋𧄻茋𧄻茋䒱

出陽關　無故人　渭城朝雨浥輕

亾夰亾芑茋蕎茋六作〇芑蓟六蓟芼六

塵客舍青青柳色新勸君更盡一盃酒

𧄻芼蔟𧄻茋蓟𧄻茋茴芶茝𧄻茋芶茋

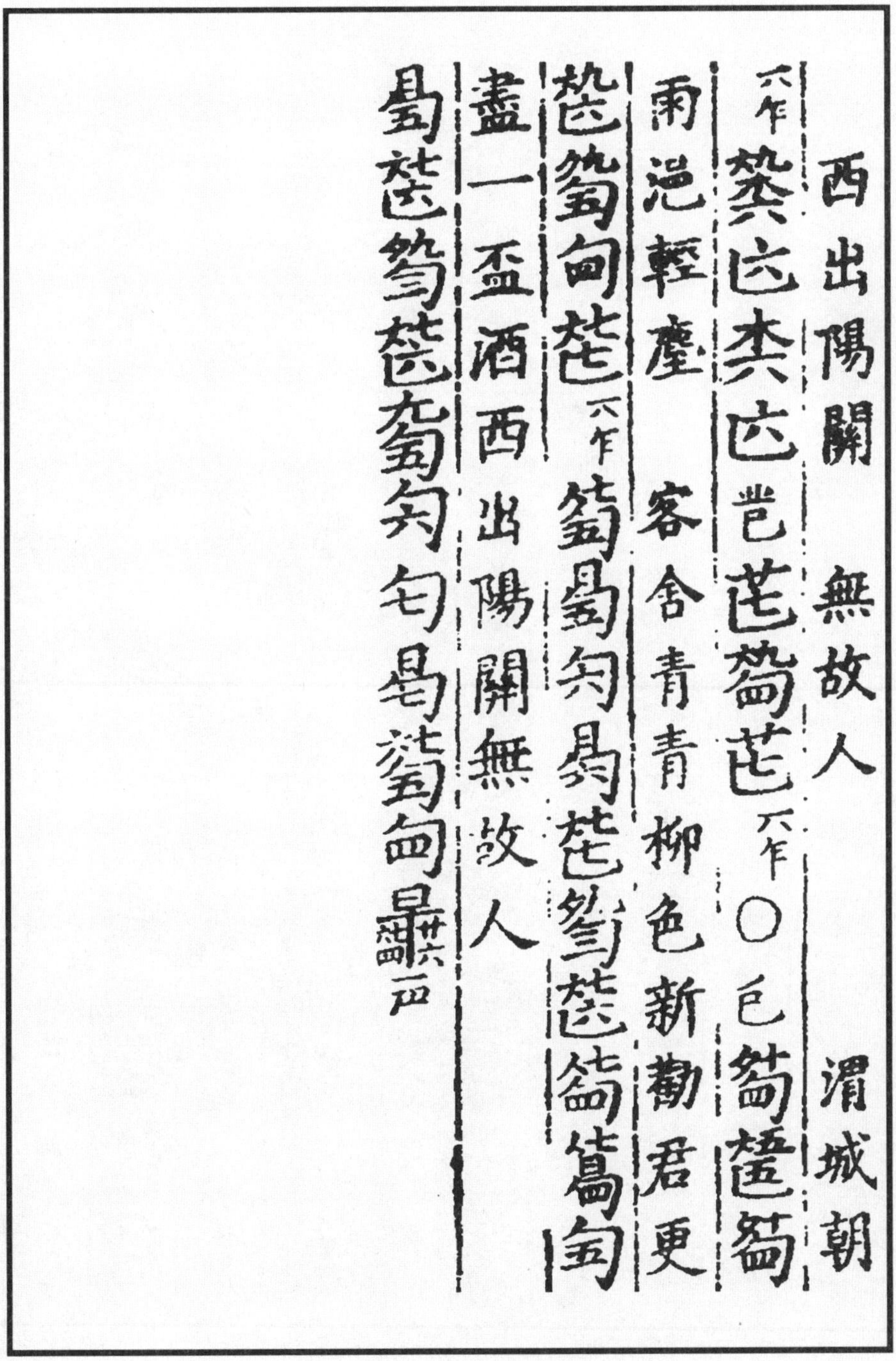

西出陽關 無故人 渭城朝

六乍[illegible]匹夲匹 芭芭芶芭 六乍 ○ 色芶[illegible]芶

雨浥輕塵 客舍青青柳色新勸君更

[illegible]芶句芭 六乍 芶[illegible]勻[illegible]芭[illegible][illegible][illegible][illegible]勻

盡一盃酒西出陽關無故人

[illegible][illegible][illegible][illegible][illegible]勻句[illegible][illegible][illegible]句[illegible] 廿六

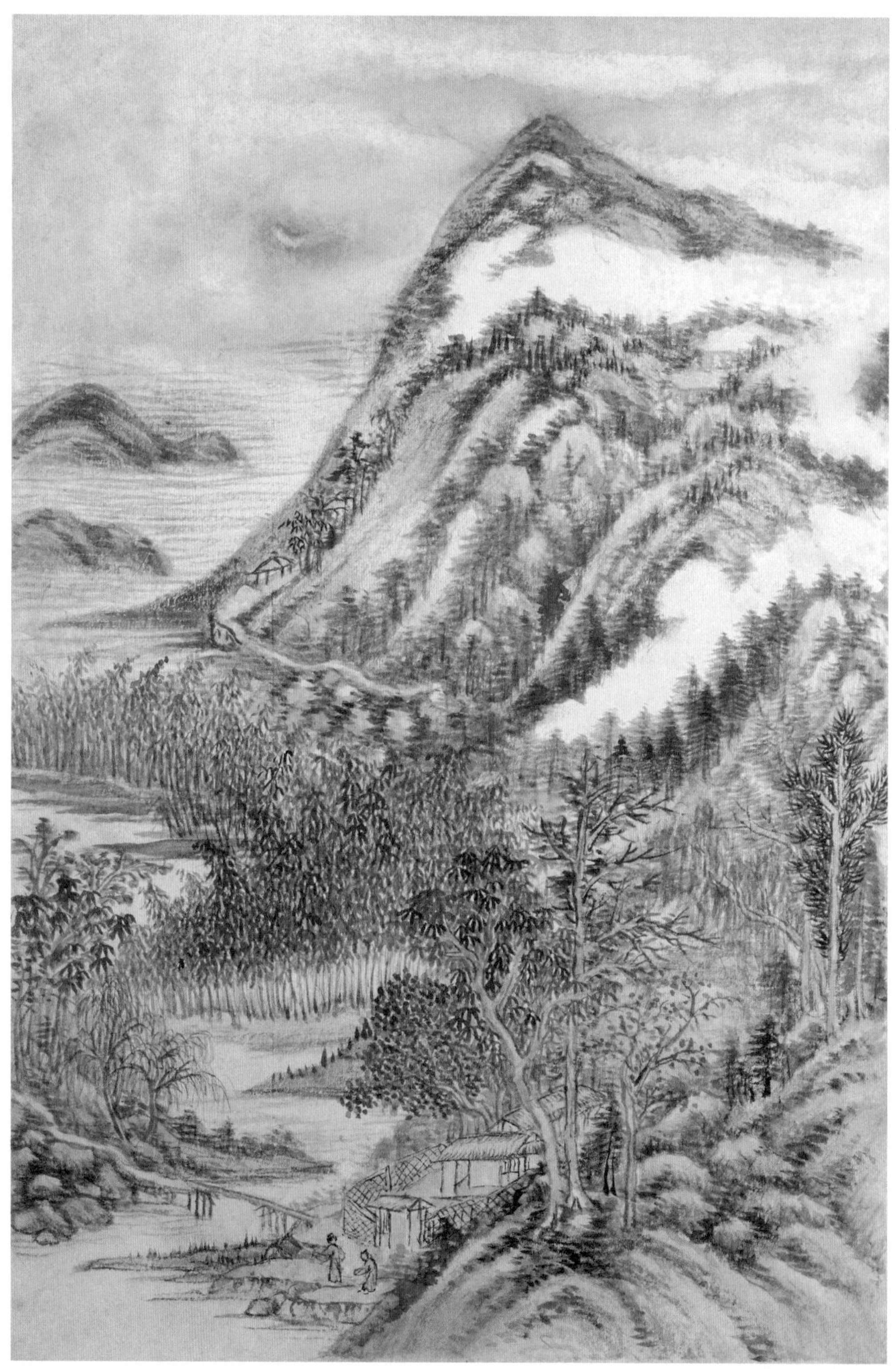

杜甫诗意图册第二册（临摹）
王时敏（清代）

曲谱题解与歌词

按三叠之词，始于王维渭城朝雨之作也。或云句句三叠，或云只用第三句三叠。今之为是词，如曰青山无数，白云无数，浅水芦花无数，是又一变而为词中三叠也。后人以此被之管弦者本此。

歌词

渭城朝雨浥轻尘，客舍青青柳色新，柳色新。劝君更尽一杯酒，西出阳关无故人。

渭城朝雨浥轻尘，轻尘，客舍青青柳色新，柳色新。劝君更尽一杯酒，西出阳关无故人。

渭城朝雨浥轻尘，客舍青青柳色新，柳色新。劝君更尽一杯酒，西出阳关无故人。

渭城朝雨浥轻尘，轻尘，客舍青青柳色新。劝君更尽一杯酒，西出阳关无故人。

渭城朝雨浥轻尘，客舍青青柳色新。劝君更尽一杯酒，西出阳关无故人。

渭城朝雨浥轻尘，客舍青青柳色新，柳色新。劝君更尽一杯酒，西出阳关无故人，西出阳关无故人。

渭城朝雨浥轻尘，客舍青青柳色新。劝君更尽一杯酒，西出阳关无故人。

渭城朝雨浥轻尘，客舍青青柳色新。劝君更尽一杯酒，西出阳关无数（故）人。

渭城朝雨浥轻尘，客舍青青柳色新。劝君更尽一杯酒，西出阳关无故人。

渭城朝雨浥轻尘，客舍青青柳色新。劝君更尽一杯酒，西出阳关无故人。

渭城朝雨浥轻尘，轻尘，客舍青青柳色新，柳色新。劝君更尽一杯酒，西出阳关无故人。

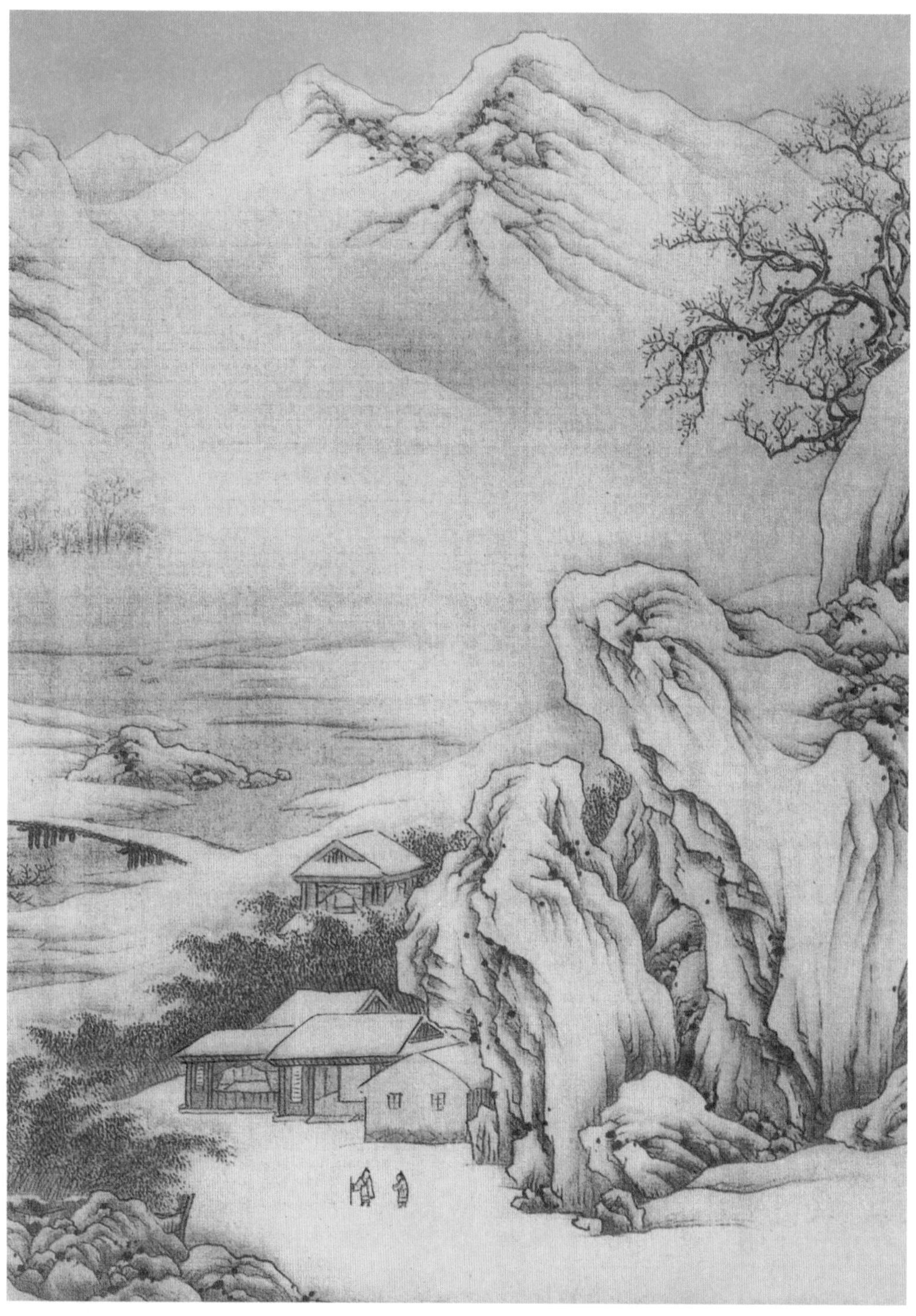

江干雪霁图卷（临摹）
王维（唐代）

渭城朝雨浥轻尘，客舍青青柳色新。劝君更尽一杯酒，西出阳关无故人。

渭城朝雨浥轻尘，客舍青青柳色新。劝君更尽一杯酒，西出阳关无故人。

译文

《阳关三叠》中的词，根据王维的一首以“渭城朝雨”开始的诗作为开头。有一种情况是每一句都重复，重复三次；还有一种情况是第三句才重复。现今这首曲子，又有用作像青山无数，白云无数，浅水芦花无数这种三叠的情况，变化成在词中有三段重复。后来的人把这首词曲用在管弦乐器的演奏上。

清晨的微雨润湿了渭城地面的灰尘，馆驿旁的柳树枝叶脆嫩一新。劝慰我的朋友再喝一杯酒，向西出了阳关就难以遇到故交。（以下意思重复）

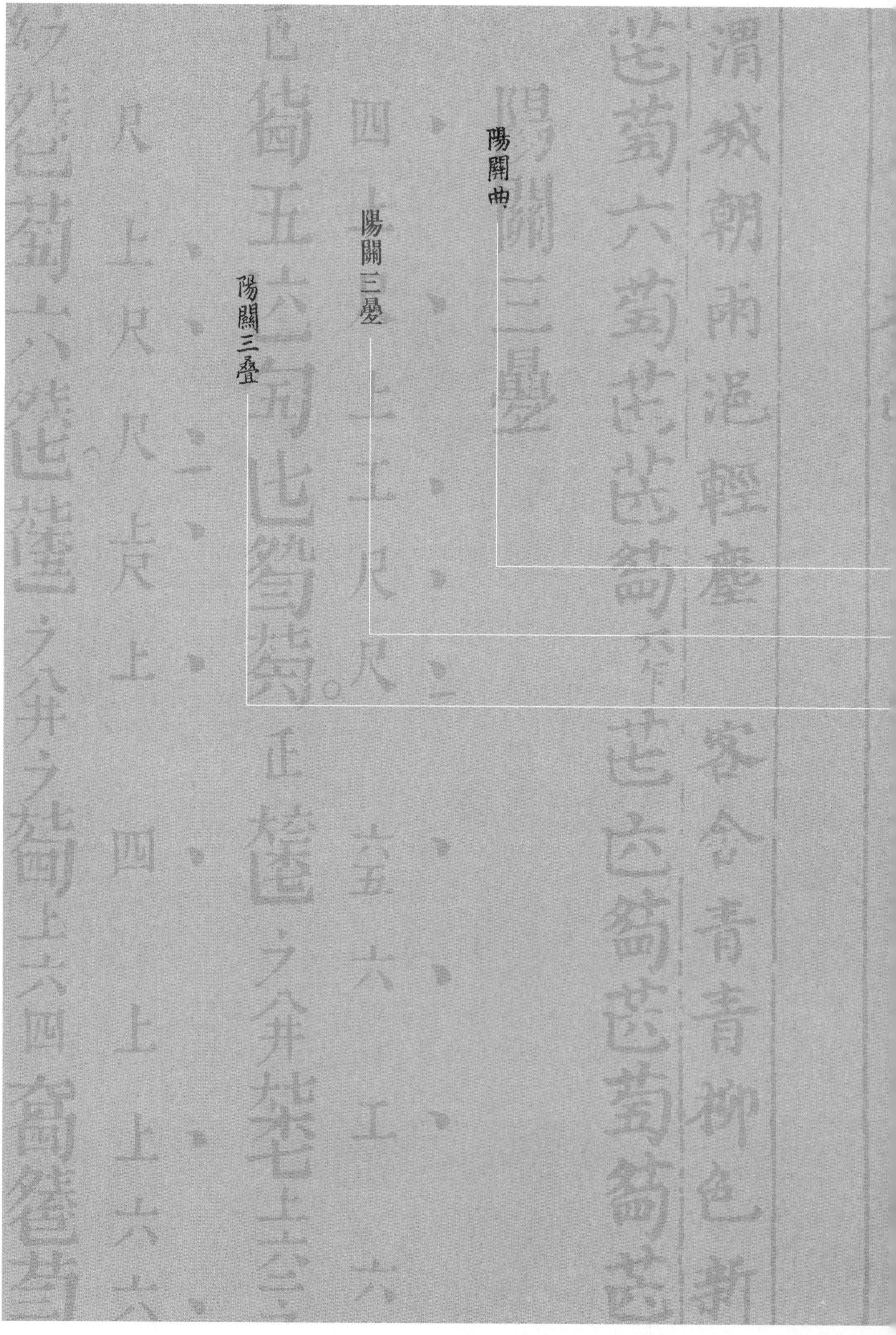

陽關曲

陽關三疊

陽關三疊

A 谢琳太古遗音

B 琴学入门

C 希韶阁琴谱集成

微信扫码听曲

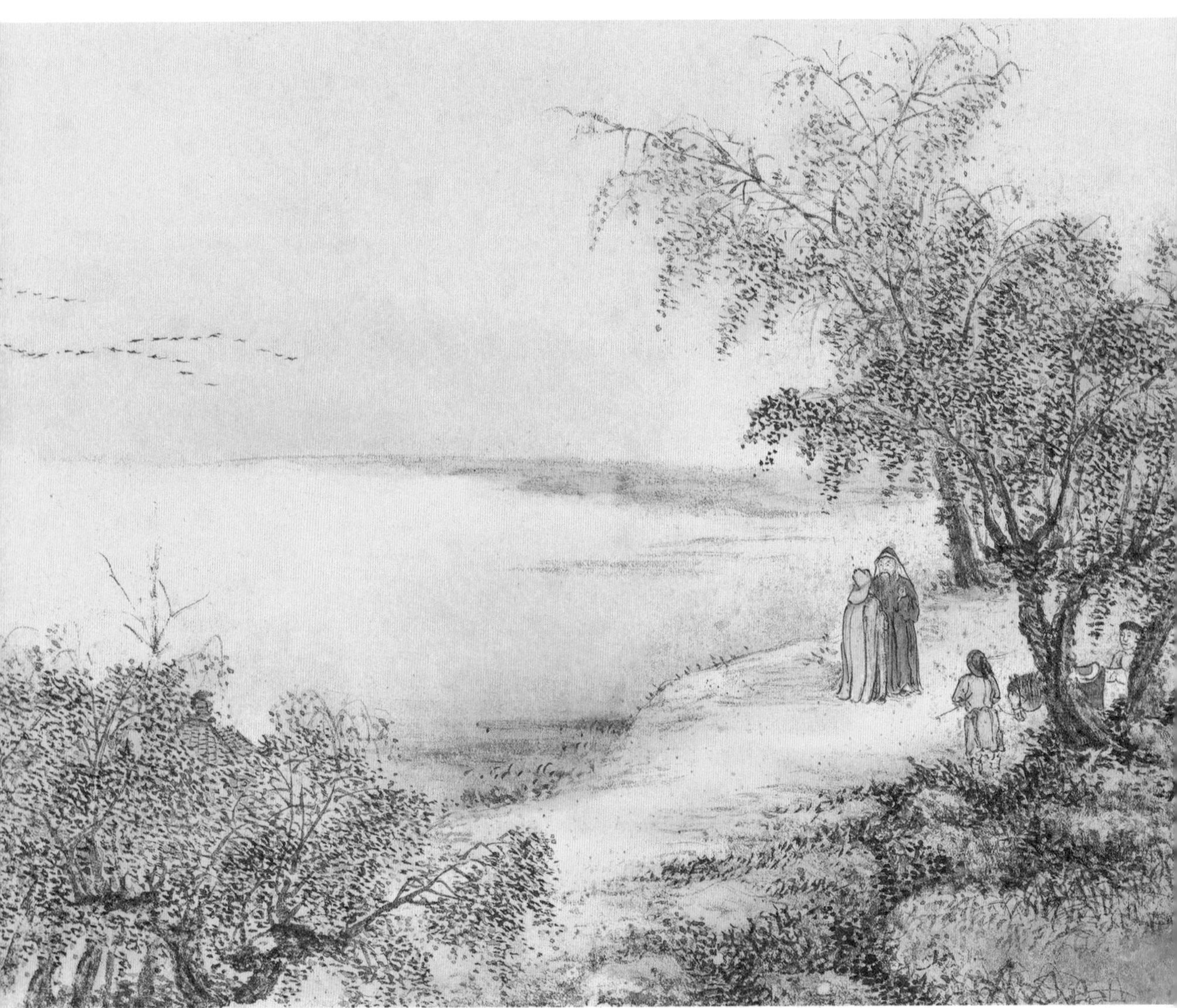

秋江送别图（临摹）
徐璋（清代）

谱书概述

《琴学入门》，清刻本，二卷，张鹤辑。《琴曲集成》第二十四册《琴学入门》据本提要：“上海玉清宫道人张鹤（静芗）从祝桐君学琴，于同治三年（1864）把祝所著《与古斋琴谱》摘要录出，和祝所传给他的二十个大曲刻了这一部琴谱……祝氏的《与古斋琴谱》，只完成了琴律、琴材、制琴和指法等部分，并已刊行。据他自称还有二百多个琴曲正在整理，未出稿，祝桐君就死了。现在只能认《琴学入门》所刊的琴曲是经他整理过的……该谱最早刊印于清同治六年（1867）。六年后，张鹤发现原版有误，因己目盲，后由李士芳于同治十二年（1873）重校了下卷十二曲，于光绪七年（1881）再行出版……后来又有多种印本。”

此书分上、下两卷。上卷为琴学摘要和与古斋指法字母全录。下卷为琴曲，其中十曲在指法减字谱的旁边注有工尺谱，其中又有五曲另备所谓的音节谱，即在工尺谱旁用点拍的方法记写琴曲的节奏。

本编所录《阳关三叠》曲谱为谱书内第五曲，正调紧五弦，凡三叠，减字谱旁并注有歌词。

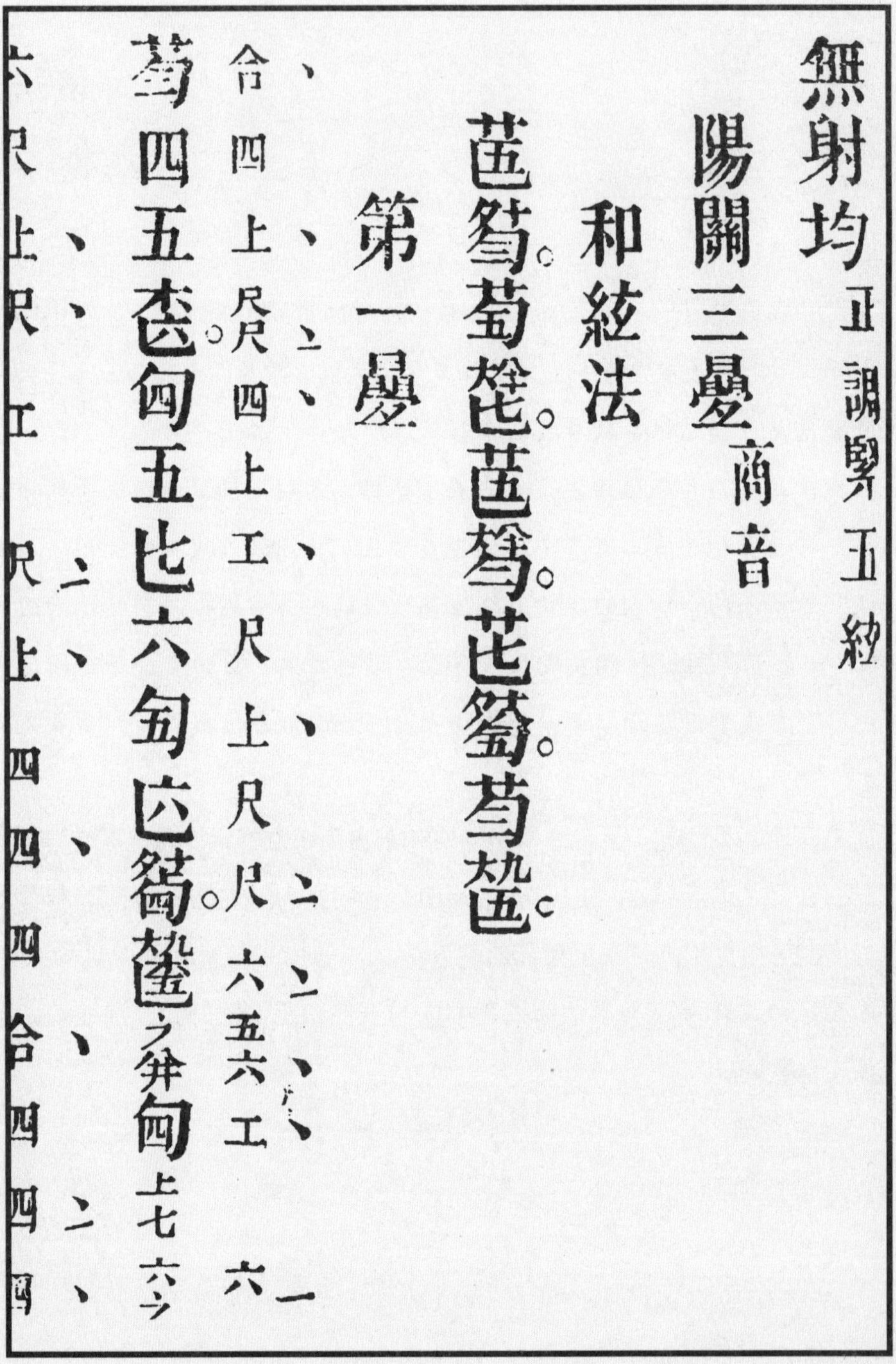

無射均正調緊五絃

陽關三疊商音

和絃法

[illegible]

第一疊

、、、⺀、、、、⺀、⺀、一

合四上尺尺四上工尺上尺尺六五六工六

[illegible]四五[illegible]五[illegible]六[illegible]上七六[illegible]

、、、、⺀、、、⺀、

六尺上尺工尺上四四四合四四四

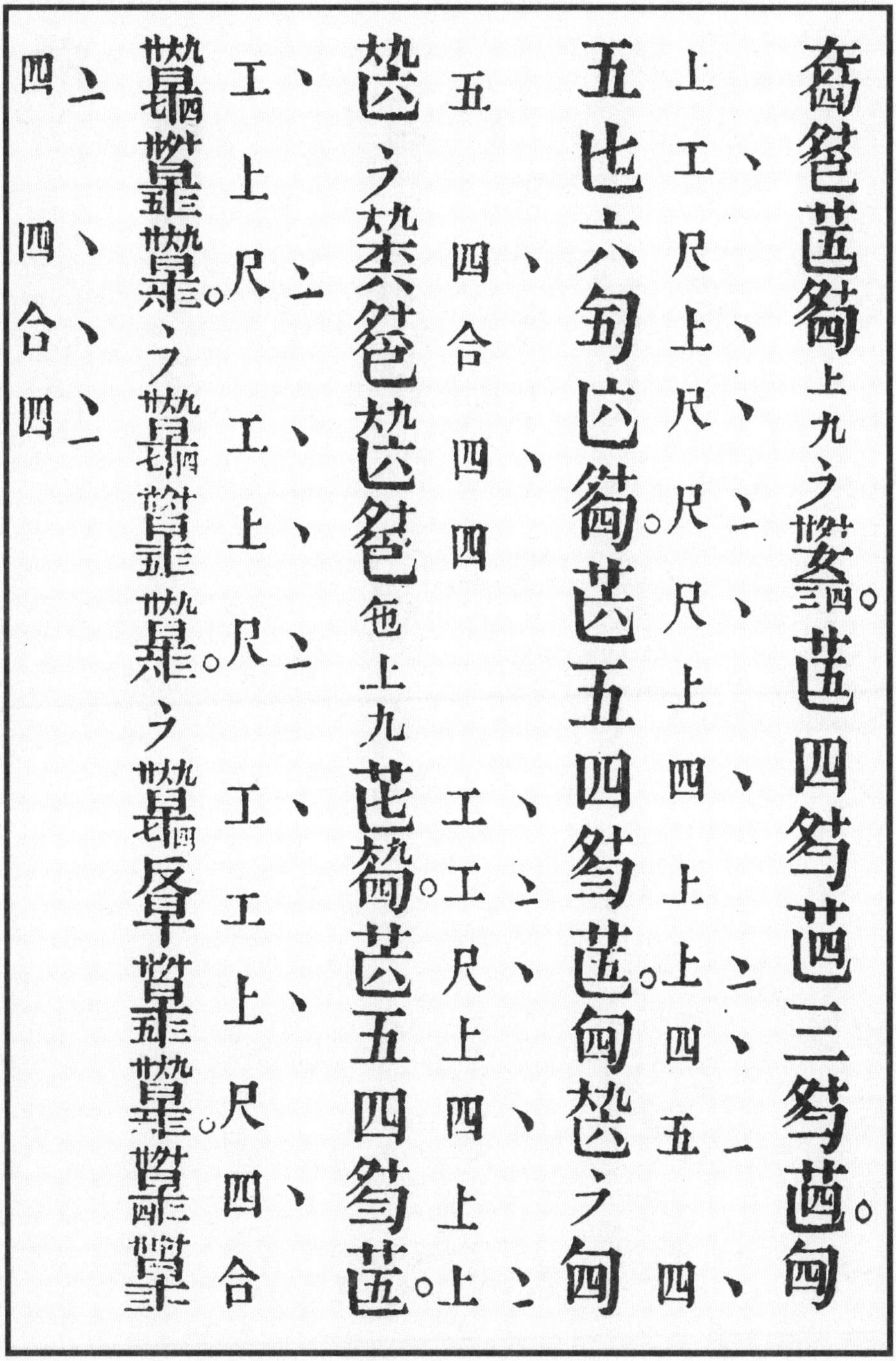

[illegible]

上工尺上尺尺尺上四上上四五四

[illegible]

五四合四四工工尺上四上上

[illegible]

工上尺工上尺工工上尺四合

[illegible]

四四合四

[illegible]

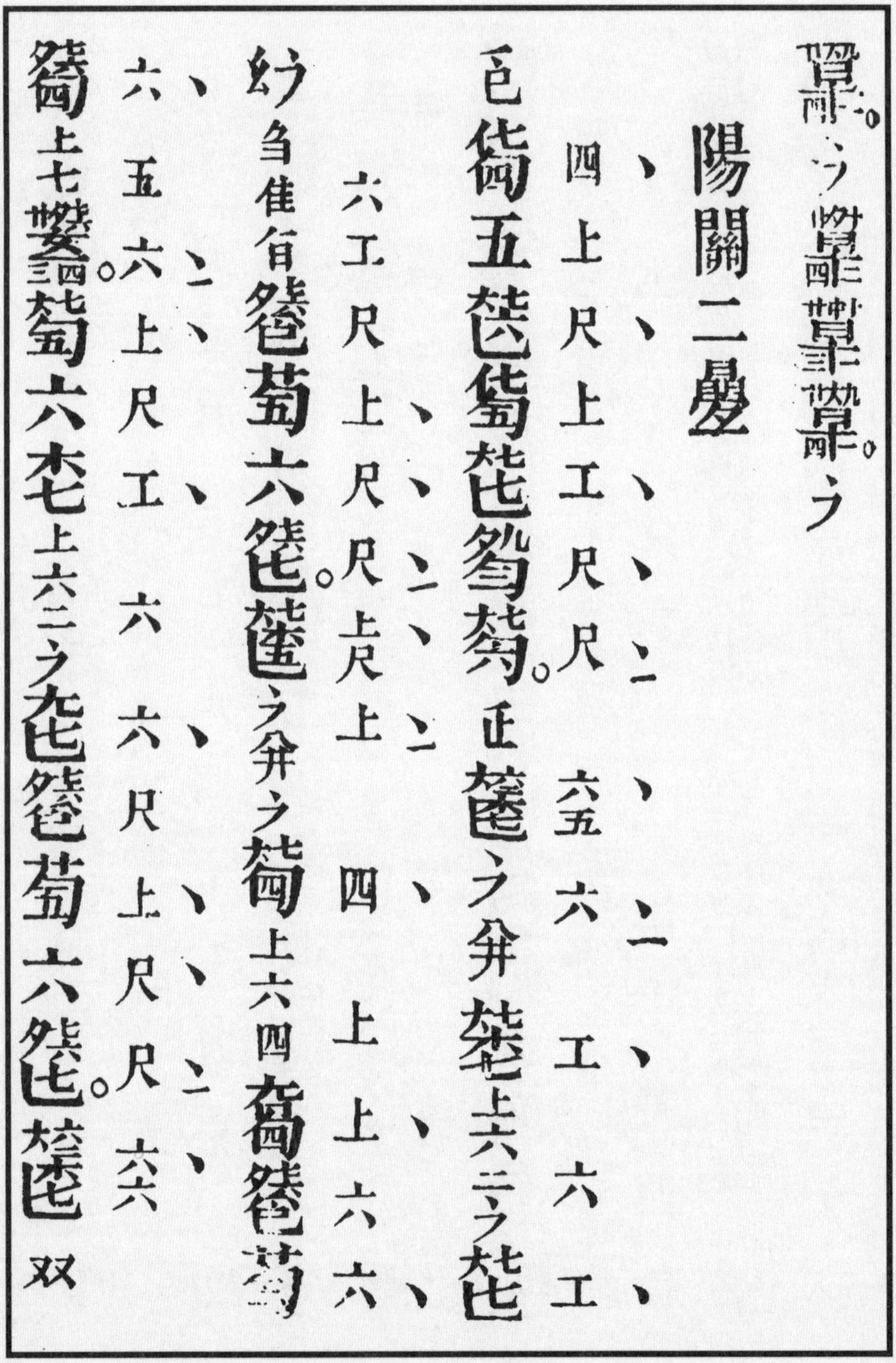

陽關二疊

四上尺上工尺尺六五六工六工

六工尺上尺尺上尺上四上上六六

六五六上尺工六六尺上尺尺六六

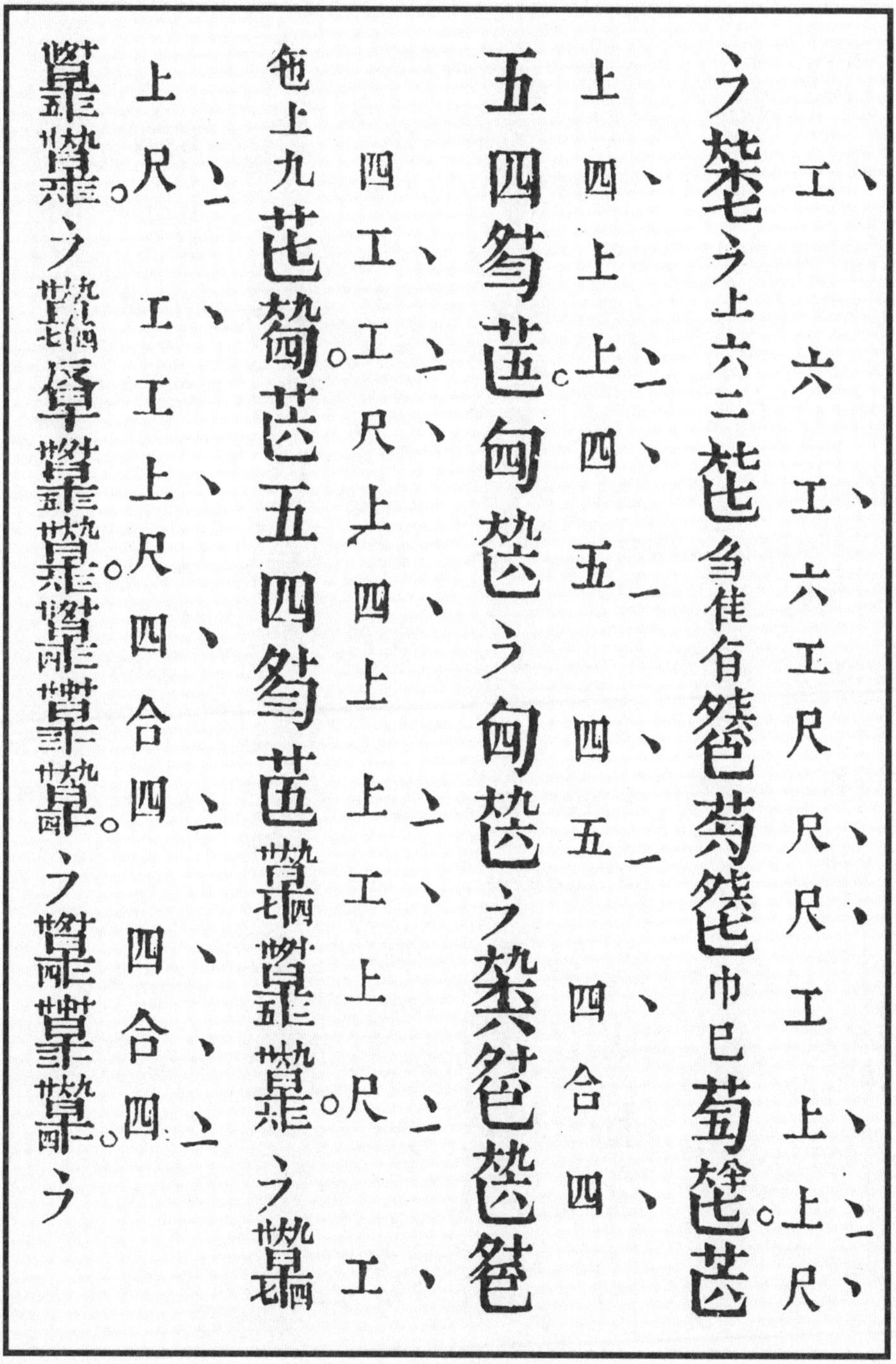

工六工六工尺尺尺工上上尺

上四上上四五四五四合四

四工工尺上四上上工上尺工

上尺工工上尺四合四四合四

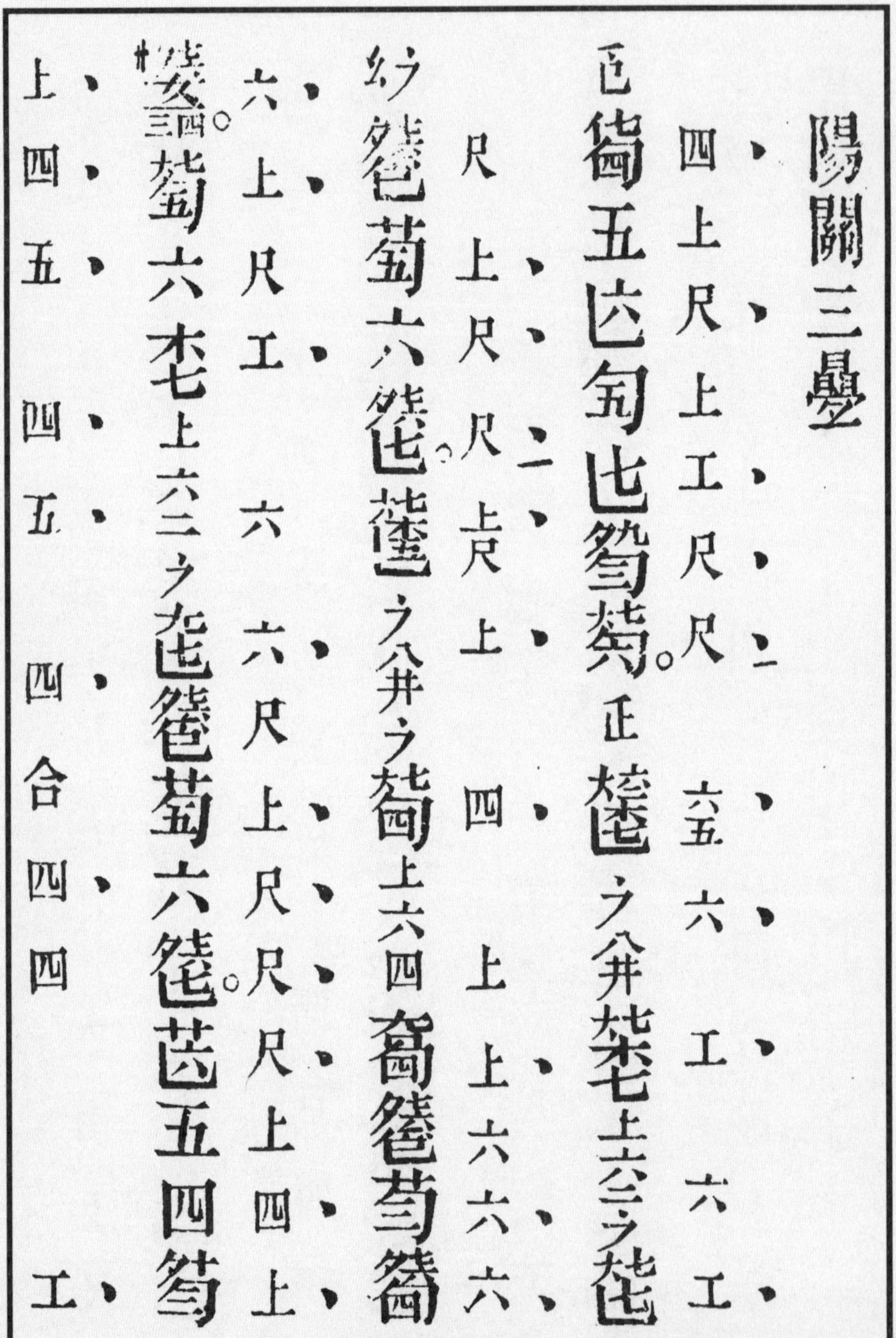

陽關三疊

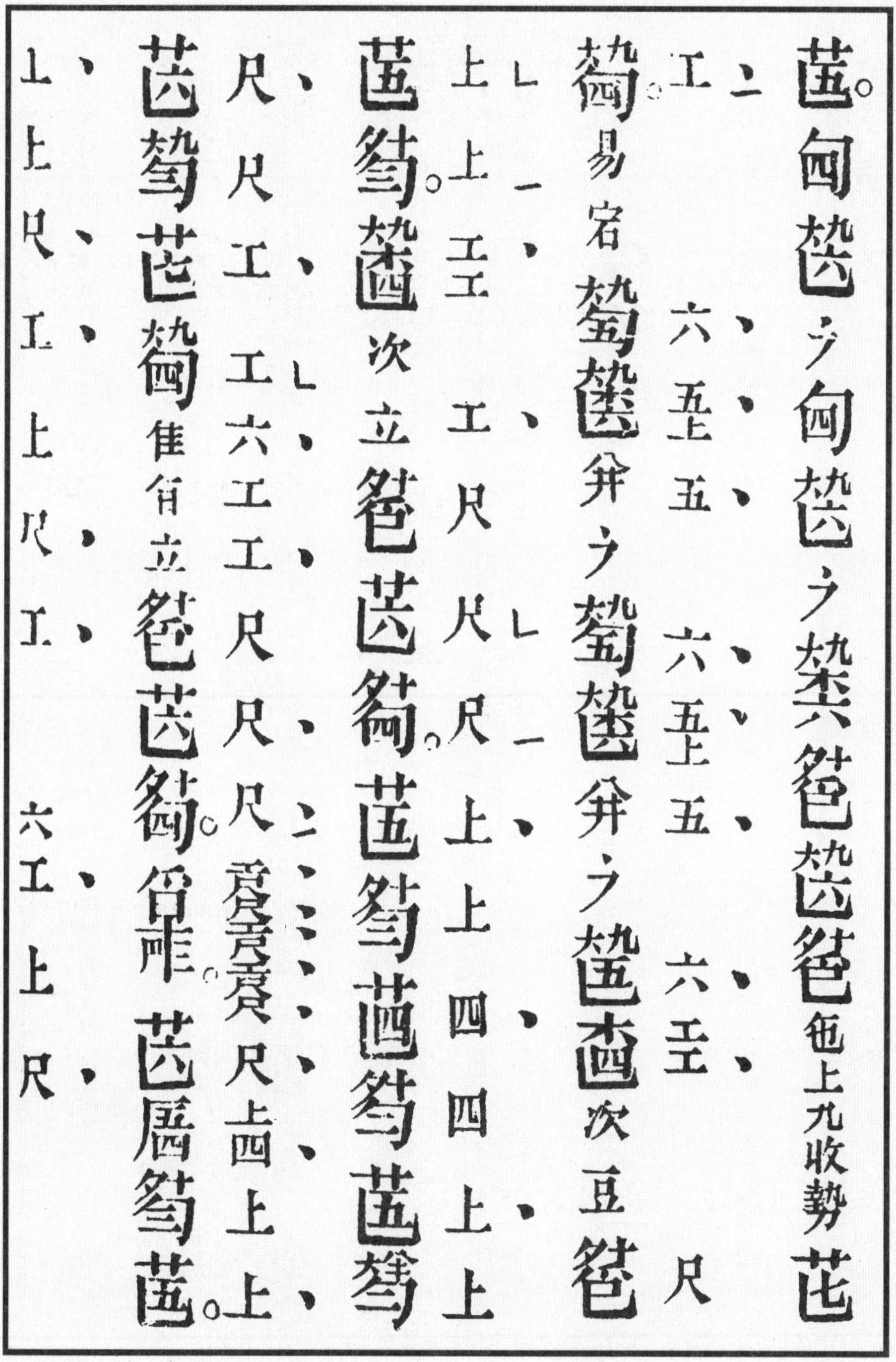

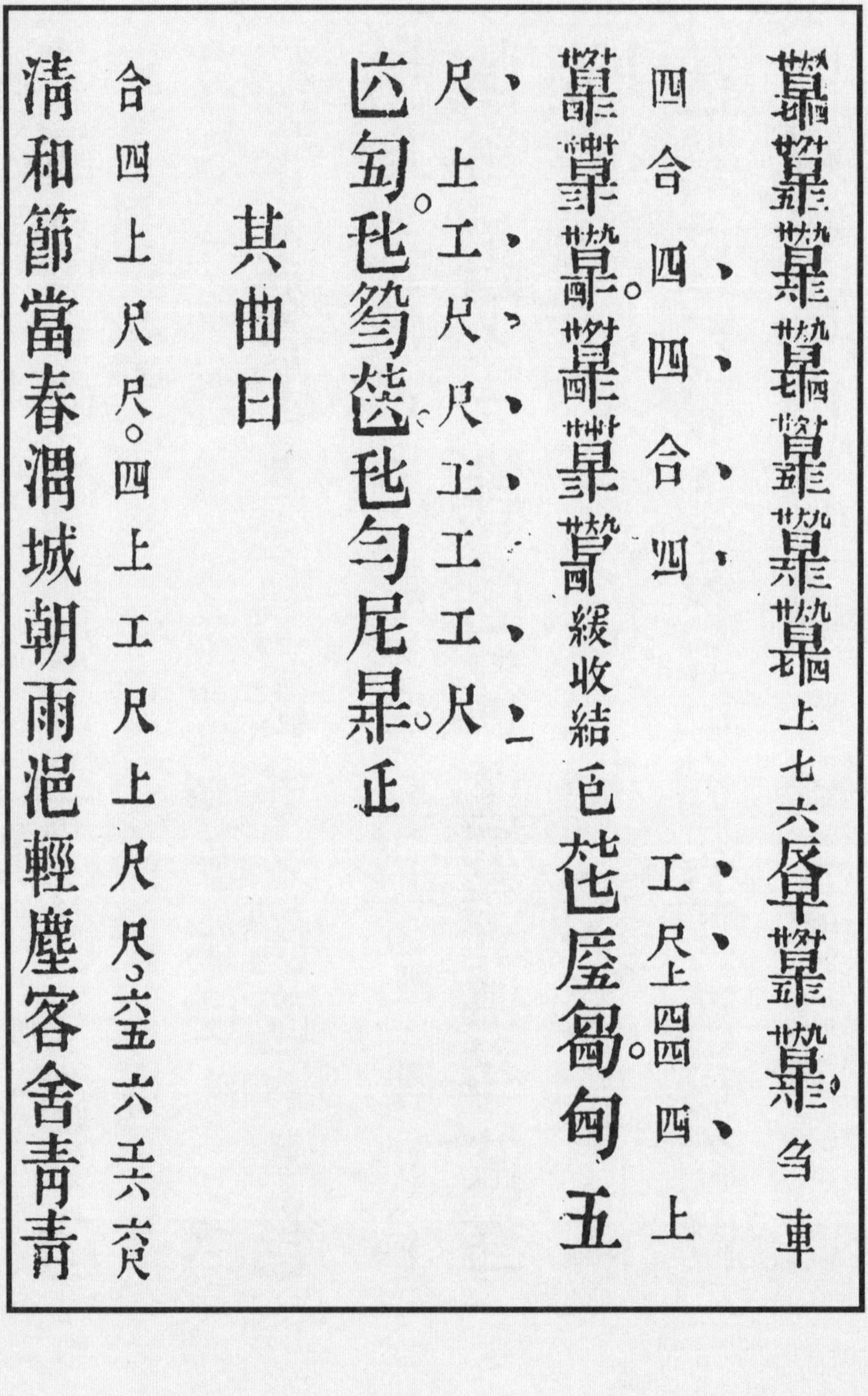

[illegible]上七六[illegible]

四 合 四 四 合 四 工 尺上四四 四 上

[illegible]緩收結色[illegible]五

尺 上 工 尺 尺 工 工 工 尺

[illegible]

其曲曰

合 四 上 尺 尺 四 上 工 尺 上 尺 尺 六五 六 工六 六尺

清和節當春渭城朝雨浥輕塵客舍青青

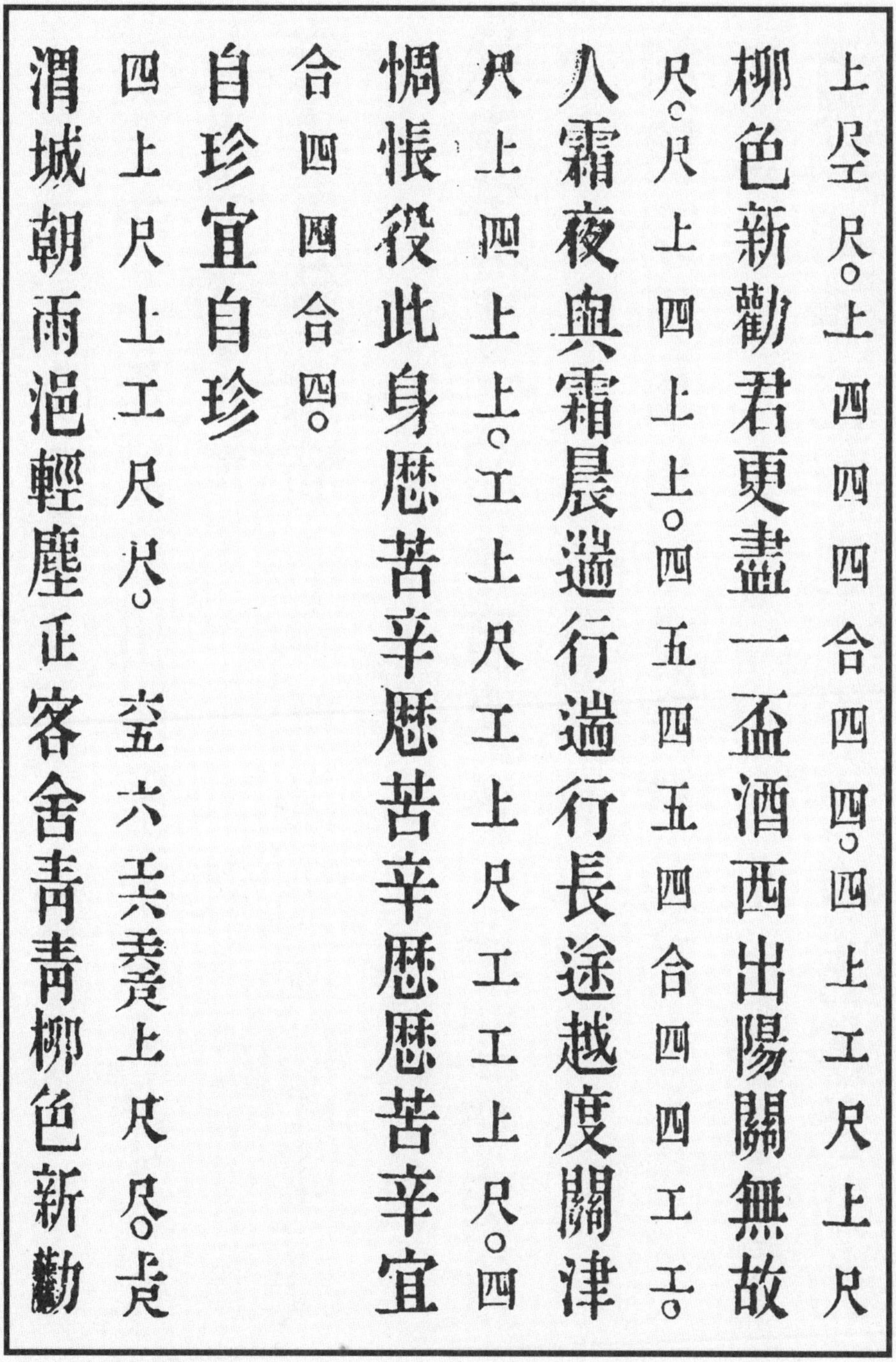

上尺工尺。上四四四合四四。四上工尺上尺
柳色新勸君更盡一盃酒西出陽關無故
尺。尺上四上上。四五四五四合四四工工。
人霜夜與霜晨遄行遄行長途越度關津
尺上四上上。工上尺工上尺工工上尺。四
惆悵役此身歷苦辛歷苦辛歷歷苦辛宜
合四四合四。
自珍宜自珍
四上尺上工尺尺。六五六工六五六上尺尺。上尺
渭城朝雨浥輕塵正客舍青青柳色新勸

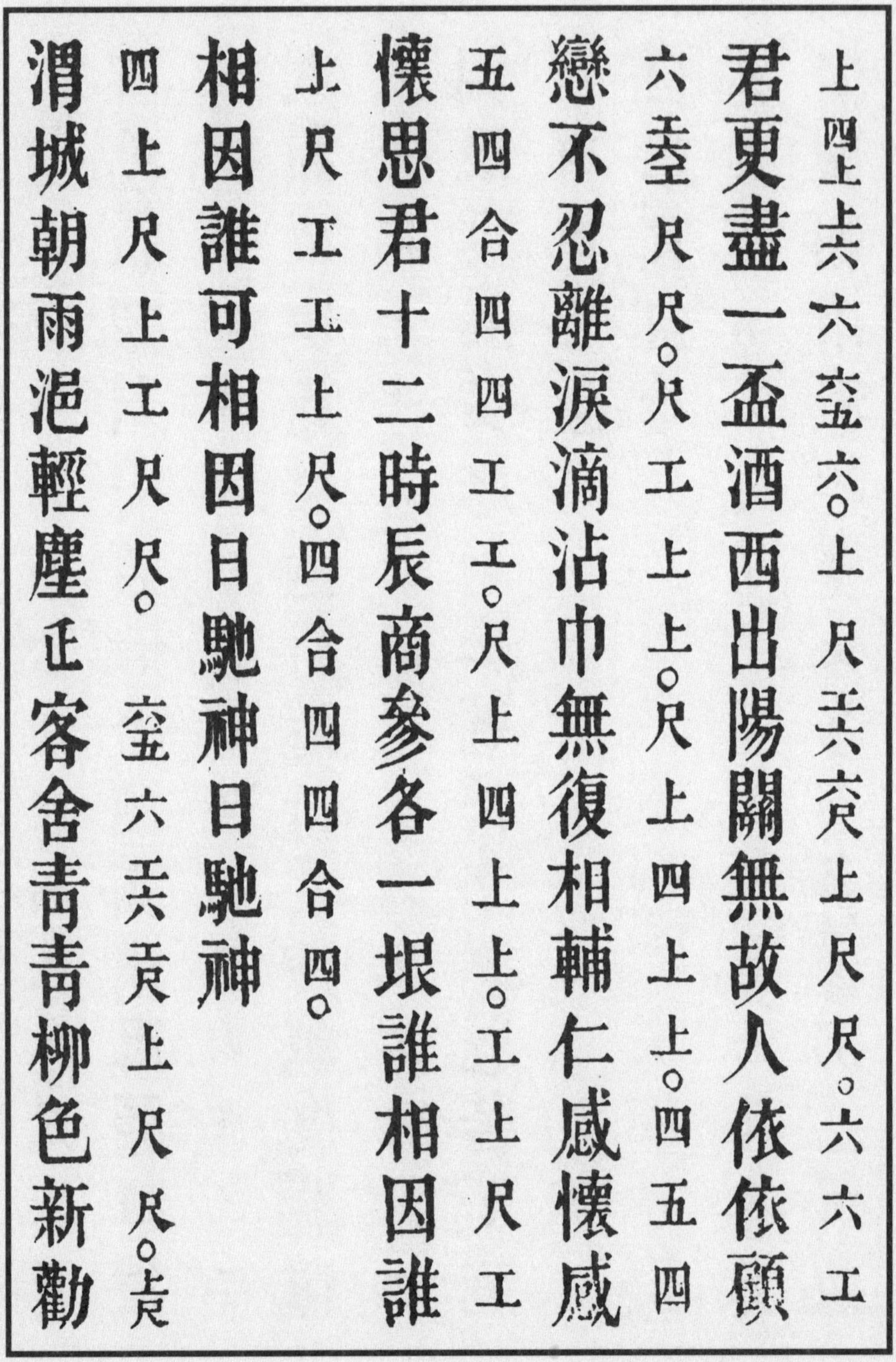

上 四上 上六 六 六五 六○ 上 尺 工六 六尺 上 尺 尺○ 六 六 工
君更盡一盃酒西出陽關無故人依依顧
六 工五 尺 尺○尺 工 上 上○尺 上 四 上 上○四 五 四
戀不忍離淚滴沾巾無復相輔仁感懷感
五 四 合 四 四 工 工○尺 上 四 上 上○工 上 尺 工
懷思君十二時辰商參各一堠誰相因誰
上 尺 工 工 上 尺○四 合 四 四 合 四○
相因誰可相因日馳神日馳神
四 上 尺 上 工 尺 尺○ 六五 六 工六 工尺 上 尺 尺○上尺
渭城朝雨浥輕塵正客舍青青柳色新勸

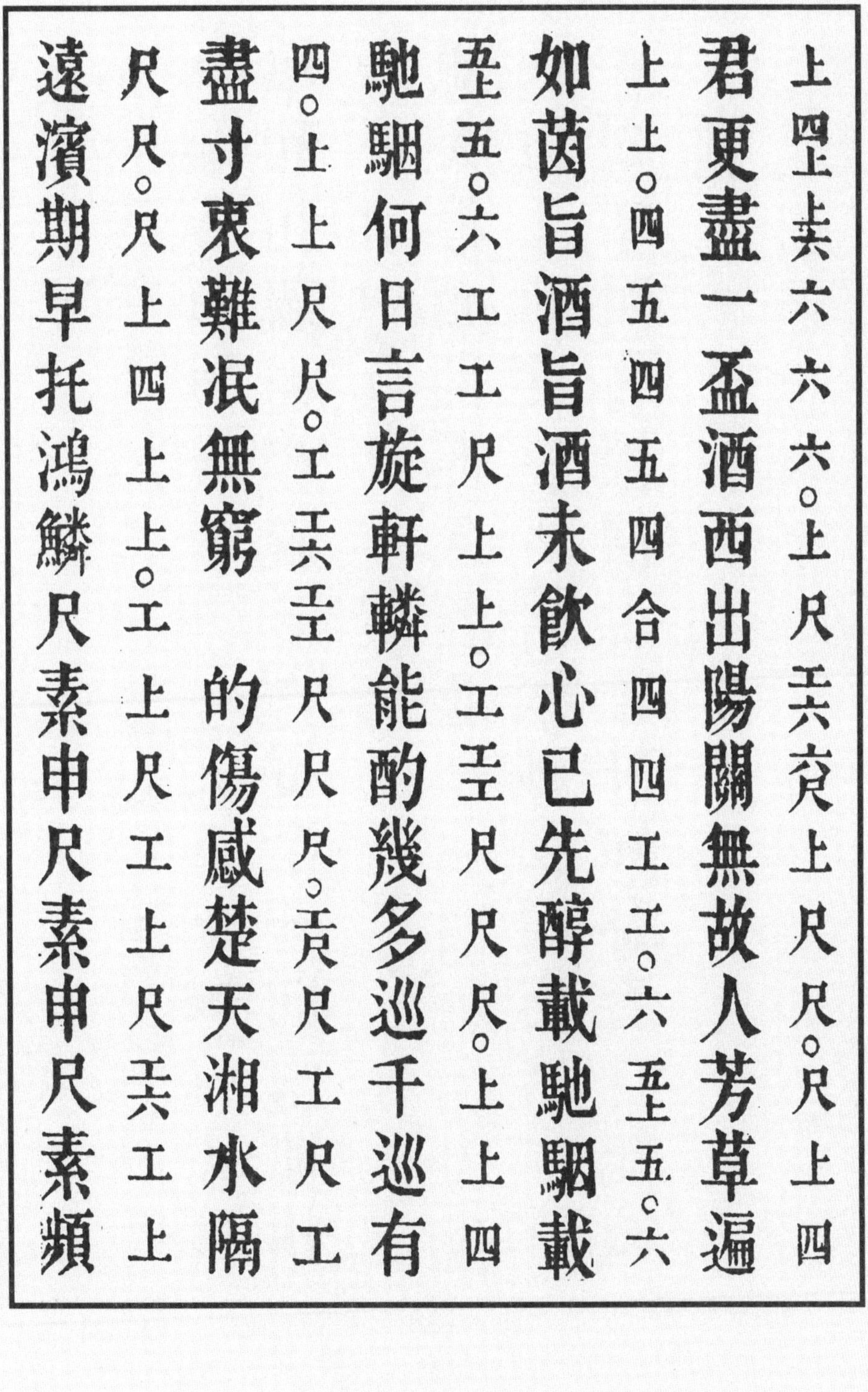

上 四上 上六 六 六 六○上 尺 工六 六尺 上 尺 尺○尺 上 四

君更盡一盃酒西出陽關無故人芳草遍

上 上○四 五 四 五 四 合 四 四 工 工○六 五上 五○六

如茵旨酒旨酒未飲心已先醇載馳駟載

五上 五○六 工 工 尺 上 上○工 工上 尺 尺 尺○上 上 四

馳駟何日言旋軒轔能酌幾多巡千巡有

四○上 上 尺 尺○工 工六 工上 尺 尺 尺○工尺 尺 工 尺 工

盡寸衷難泯無窮 的傷感楚天湘水隔

尺 尺○尺 上 四 上 上○工 上 尺 工 上 尺 工六 工 上

遠濱期早托鴻鱗尺素申尺素申尺素頻

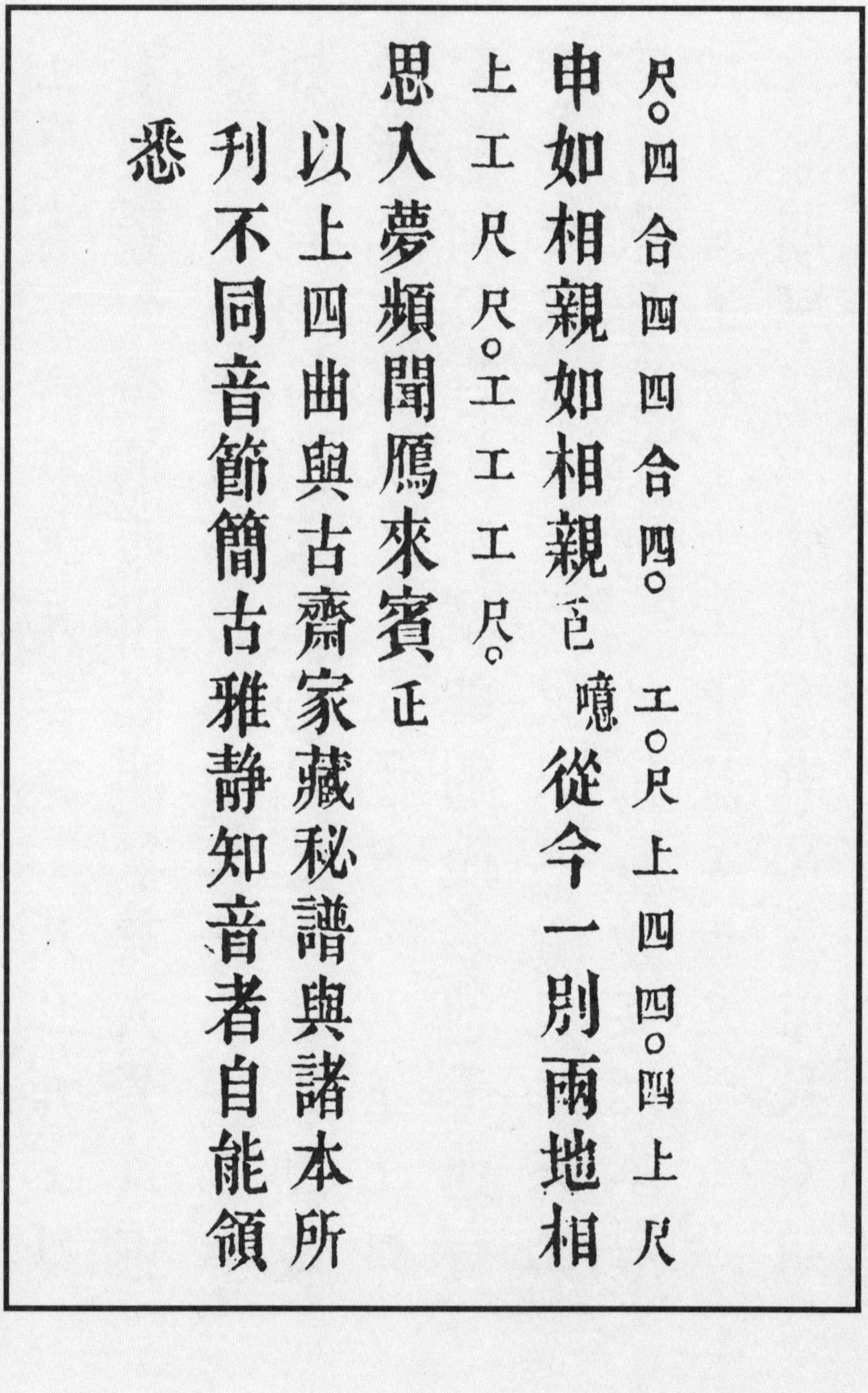

尺○四合四四合四○　工○尺上四四○四上尺

申如相親如相親乙　噫　從今一别兩地相

上工尺尺○工工工尺○

思入夢頻聞鴈來賓正

以上四曲與古齋家藏秘譜與諸本所

刊不同音節簡古雅靜知音者自能領

悉

曲谱歌词

清和[1]节当春，渭城[2]朝雨浥[3]轻尘，客舍青青柳色新。劝君更尽一杯酒，西出阳关[4]无故人。霜夜与霜晨，遄行[5]，遄行，长途越度关津[6]，惆怅役[7]此身。历苦辛，历苦辛，历历苦辛，宜自珍，宜自珍。

渭城朝雨浥轻尘，客舍青青柳色新。劝君更尽一杯酒，西出阳关无故人。依依顾恋不忍离，泪滴沾巾，无复相辅仁[8]。感怀，感怀，思君十二时辰[9]。商参[10]各一垠[11]，谁相因？谁相因？谁可相因？日驰神，日驰神。

渭城朝雨浥轻尘，客舍青青柳色新。劝君更尽一杯酒，西出阳关无故人。芳草遍如茵，旨酒，旨酒[12]，未饮心已先醇。载驰骃[13]，载驰骃，何日言旋轩辚[14]？能酌几多巡？千巡有尽，寸衷难泯。无穷的伤感，楚天湘水隔远滨，期早托鸿鳞[15]。尺素[16]申，尺素申，尺素频申，如相亲，如相亲。

噫！从今一别，两地相思入梦频，闻雁来宾。

注释

[1] 清和：传统农历四月的别称。

[2] 渭城：今陕西省西安市西北，即秦代咸阳古城。

[3] 浥（yì）：湿润。

[4] 阳关：中国古代陆路对外交通咽喉之地，丝绸之路南路必经的关隘。位于甘肃省敦煌市西南的古董滩附近。西汉置关，因在玉门关之南，故名。和玉门关同为当时对西域

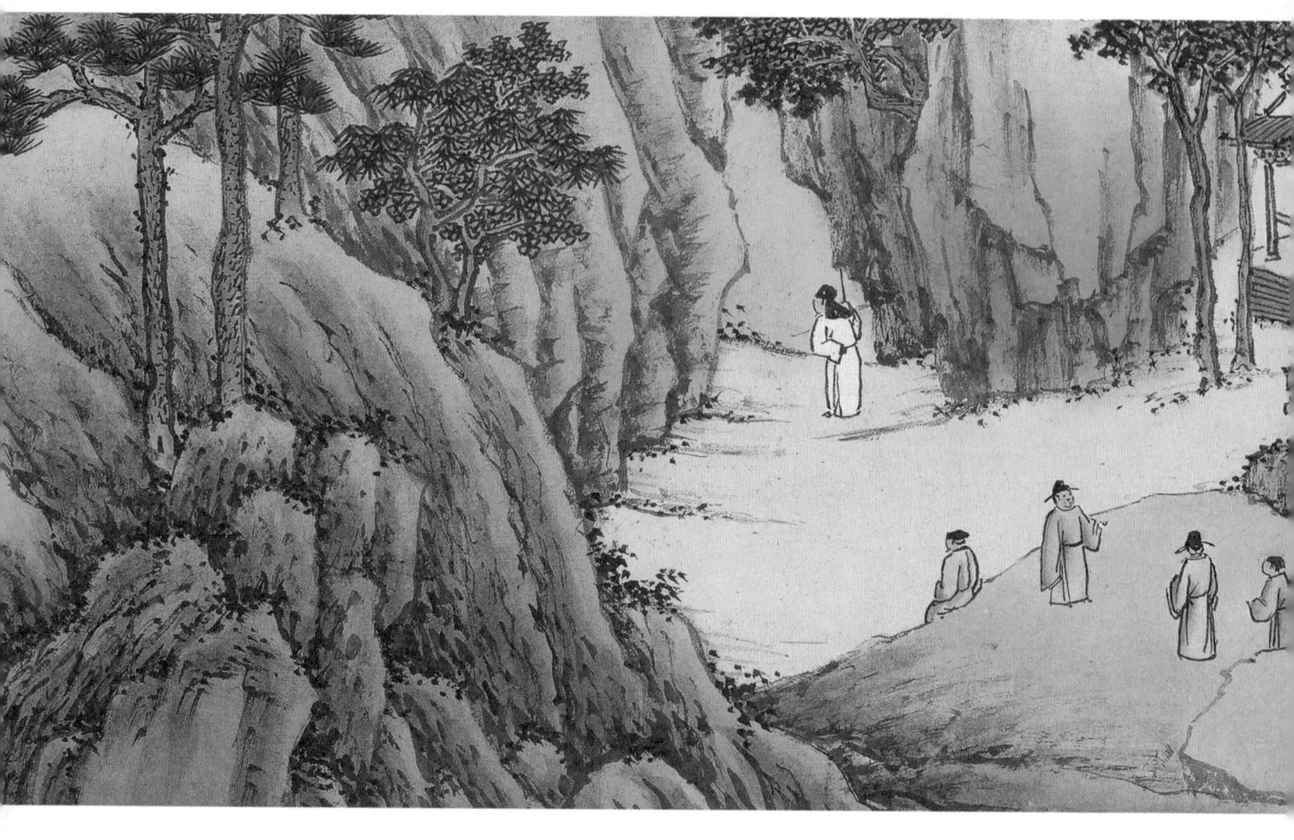

虎丘饯别图（临摹）
沈周（明代）

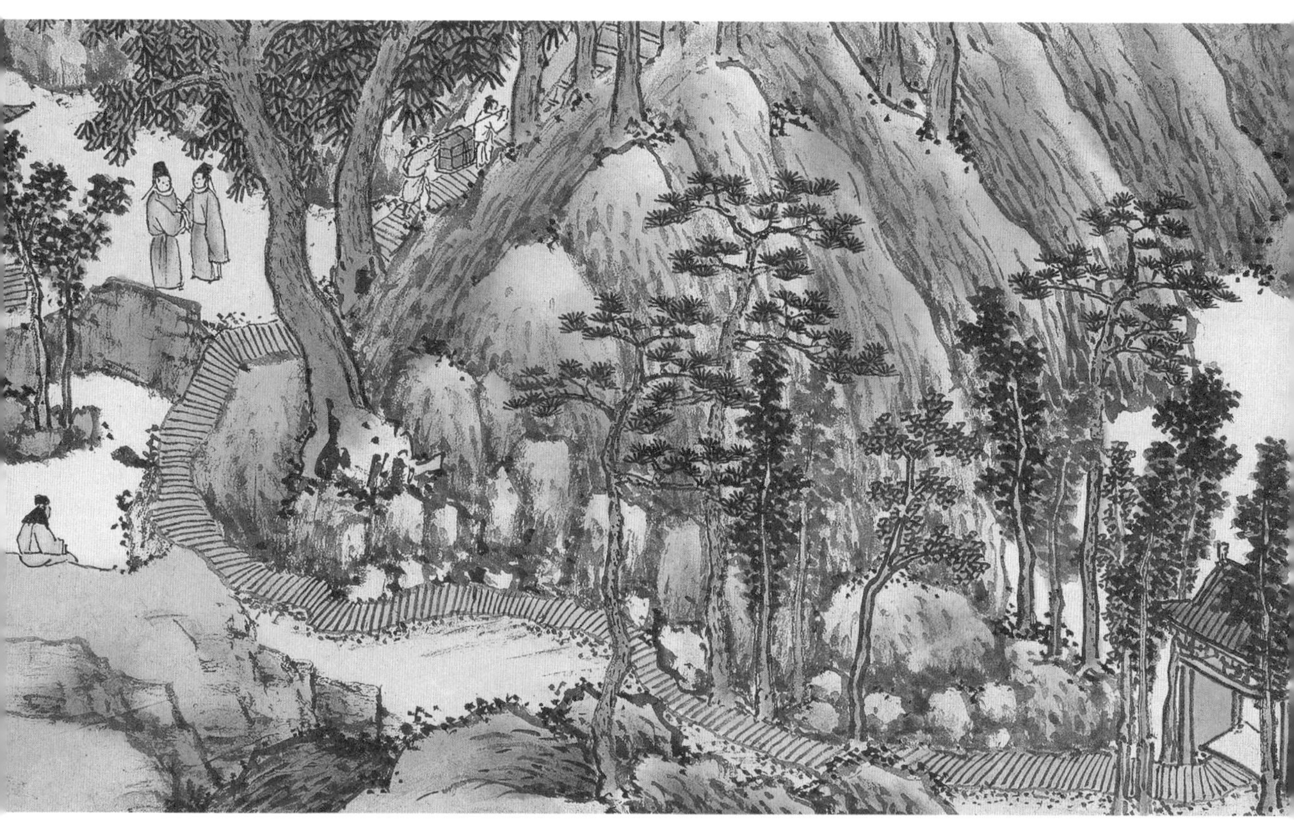

交通的门户。

[5] 遄行：遄（chuán）：来往频繁；快，迅速。与“行”合用为“疾行”之意。清薛福成《庸盦笔记 · 江忠烈公殉难庐州》：“江公以庐州事急，率所部千余人，力疾遄行。”

[6] 关津：指水陆交通必经的要道，关口和渡口，泛指设在关口或渡口的关卡。

[7] 役：使充满。

[8] 辅仁：培养仁德。《论语 · 颜渊》中曾子曰：“君子以文会友，以友辅仁。”

[9] 十二时辰：古代劳动人民把一昼夜划分成十二个时段，每一个时段叫一个时辰。十二时辰即指一天。

[10] 商参：二十八宿的商星与参星。商在东，参在西，此出彼没，永不相见。后以“商参”比喻人分离不能相见。

[11] 垠：边际，尽头。引申义是岸、水边的陆地。该文字在《楚辞 · 涉江》和《小石城山记》等文献均有记载。

[12] 旨酒：美酒。《诗 · 小雅 · 鹿鸣》：“我有旨酒，以燕乐嘉宾之心。”《孟子 · 离娄下》：“禹恶旨酒，而好善言。”

[13] 骃（yīn）：古书上指一种浅黑带白色的马。

[14] 轩辚：象声词，车行声。汉陈琳《神武赋》：“车轩辚于雷室，骑浮厉乎云宫。”

[15] 鸿鳞：《汉书 · 苏武传》载有雁足传书之事，汉乐府诗《饮马长城窟行》有“客从远方来，遗我双鲤鱼，呼儿烹鲤鱼，中有尺素书”之句。后人糅合两事用“鸿鳞”指代书信。

[16] 尺素：古代用绢帛书写，通常长一尺，因此称书信。指传递书信。宋秦观《踏莎行》：“驿寄梅花，鱼传尺素，砌成此恨无重数。”

译文

清和节正值初春，清晨一场细雨使渭城空气格外清新，旅舍愈发明净，柳枝也像梳洗了一番。请你再干了这杯酒吧，向西出了阳关，再也见不到老朋友了。（无论）寒冷的夜晚（还是）寒冷的清晨，一路上你（都）要快快地走，快快地走，

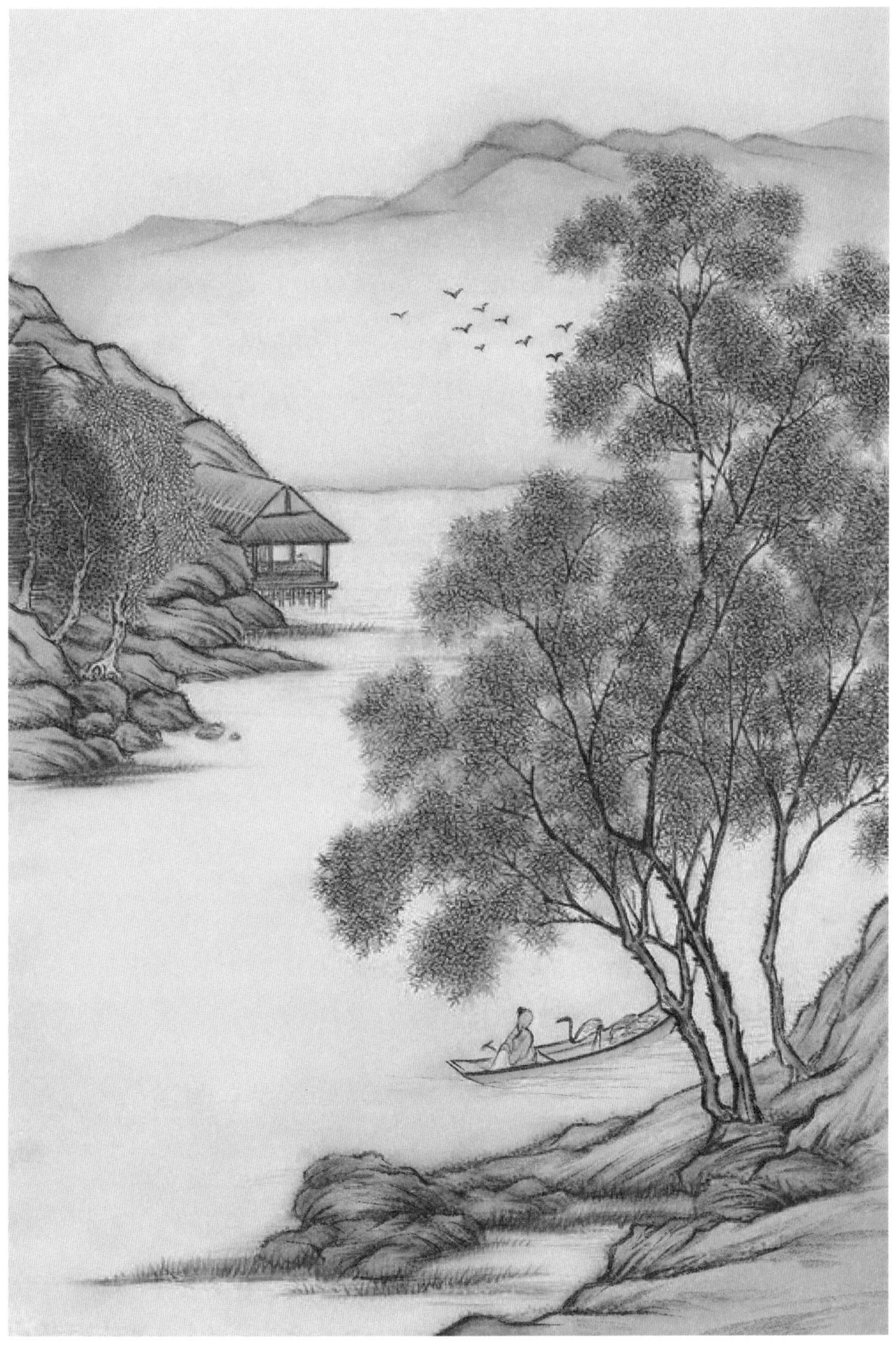

皋亭送别图（临摹）
钱杜（明代）

遥远的旅途要穿越关山、渡口，满是惆怅。要经历千辛万苦，千辛万苦，再累再苦，你也要自己保重，自己多多保重。

清晨一场细雨使渭城空气格外清新，旅舍愈发明净，柳枝也像梳洗了一番，请你再干了这杯酒吧，向西出了阳关，再也见不到老朋友了。我是那样眷恋你，舍不得和你分离，流下的眼泪都湿透了手巾，再也不能与你交流了。心里难过，心里难过啊，我将日日夜夜想念你。我们再也不能相见了，谁可依靠呢？谁可依靠！我只有让心飞到你那里去，天天让心飞到你那里去。

清晨一场细雨使渭城空气格外清新，旅舍愈发明净，柳枝也像梳洗了一番，请你再干了这杯酒吧，向西出了阳关，再也见不到老朋友了。春草铺满大地，美酒啊美酒，还没有喝，我的心已经醉了。你骑着浅黑杂白的马快要走了，快要走了，可哪一天才能听到车马载你回来的声音？现在还能斟几回酒呢？即便斟一千回酒还是有尽头的，只有我对你的感情永远不会消失。那无穷忧伤的感情（无处宣泄），楚天与湘水隔千里，盼望着及早传递书信。写信表达吧，写信表达吧！经常写信又好像在一起了，又亲亲密密地在一起了。

噫！今天在这里分别，从此两地相思，只能梦中相会，盼望鸿雁传来你的消息。

典故

王维是唐朝有名的诗人和画家，他所吟咏的边塞诗以及山林隐逸的诗作很受世人喜爱，每诗一出，世人都争相传诵。他平生信佛，长年茹素，晚年隐居在蓝田辋川（今陕西省西安市蓝田西南），著有《辋川集》流行于世。

古时，诗和音乐的关系是非常密切的。善于写诗的王维，对于音律也很精通，《新唐书》和《旧唐书》都记载过一个小故事：一次有人拿到一幅奏乐之图，但不知其名。王维一见就说道：这是《霓裳羽衣曲》的第三叠。有人不信，去请来了乐师进行演奏，果如王维所言。但《霓裳羽衣曲》是唐代著名法曲，

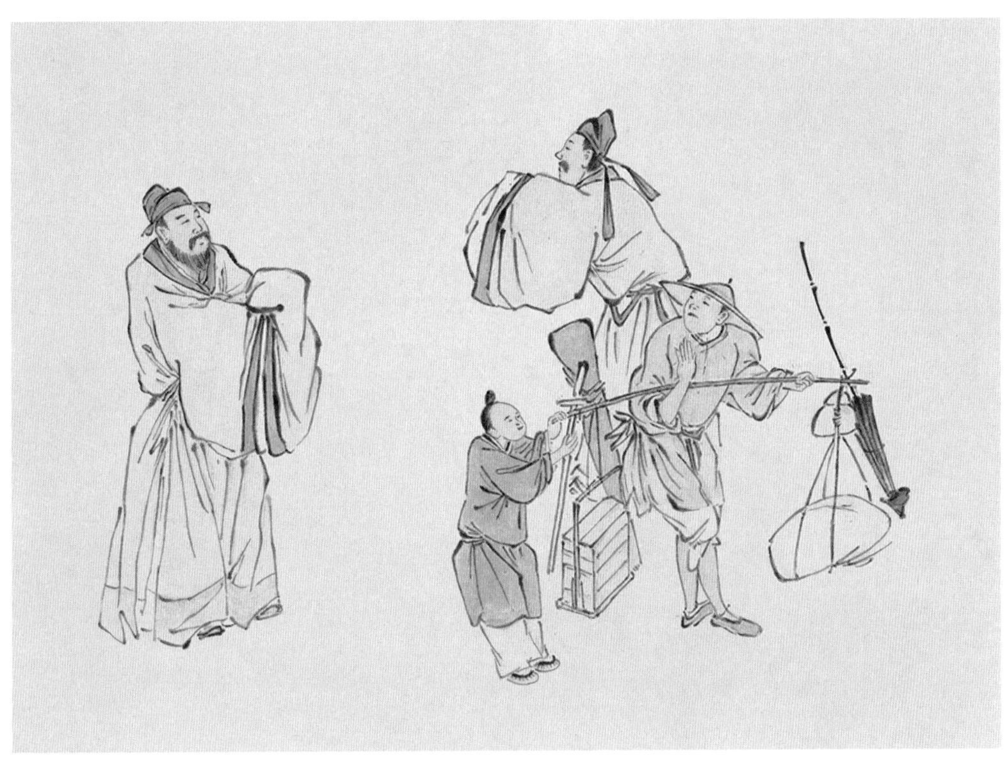

送别图（临摹）
佚名（宋代）

这段故事可能是后人杜撰的。但王维通晓音律是事实。

除此之外，王维的琵琶也弹得很好。他在岐王和公主殿前弹《郁轮袍》的故事，也成为后来杂剧、传奇、戏曲不断演绎的素材。精通音律又擅长作诗的王维，所写的富有音乐美的诗，成为当时的“流行歌词”。王维有位朋友名叫元二，奉使到安西（唐朝都护府名，治所在龟兹城，就是现在的新疆库车县）去，王维于是怀着依依不舍之情，作诗《渭城曲》相送。

此诗谱上乐曲后，就成为朋友送别时所唱的送别歌。因为全首诗只有四句，每句的字数相同，唱起来有些单调，所以乐工们常将诗句叠唱（反复唱几遍），因此有了“阳关三叠”的名称。阳关三叠的唱法，据宋朝苏轼、明朝田艺蘅的记载，在每个朝代各有不同。

陽關曲

陽關三疊

陽關三叠

A 谢琳太古遗音

B 琴学入门

C 希韶阁琴谱集成

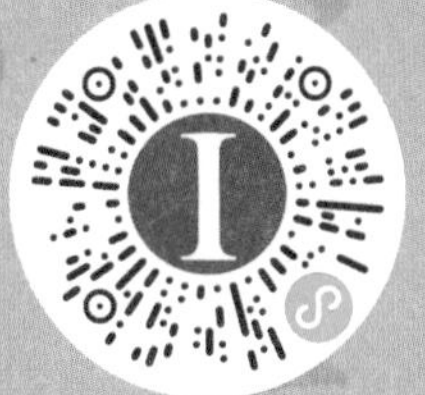

微信扫码听曲

>

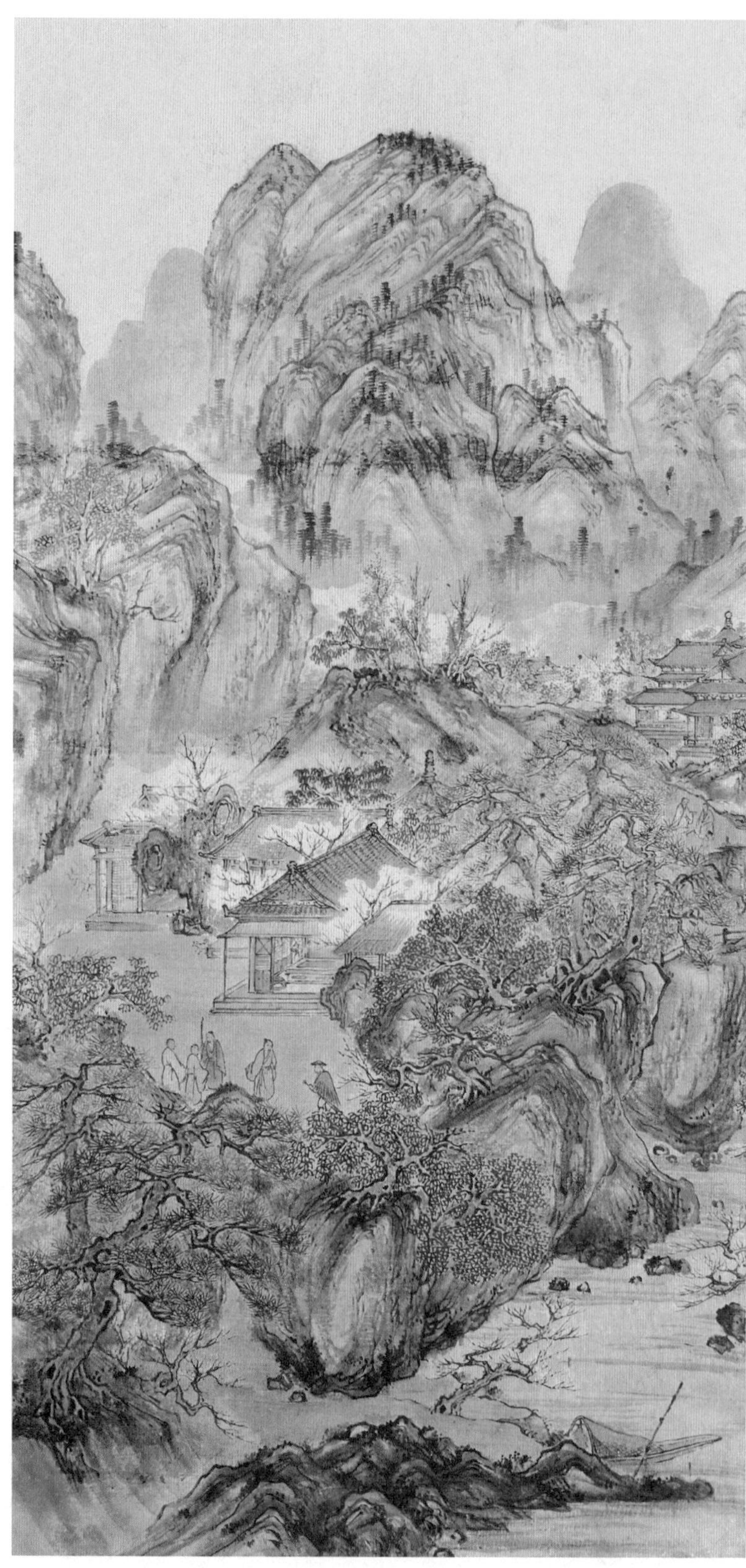

夕阳江上（临摹）
沈周（明代）

谱书概述

《希韶阁琴谱集成》，清光绪年间蝶栩山房刊本，四卷，清黄晓珊纂订。为合《希韶阁琴学津梁》初集、续集而成。卷前有两篇序，一为光绪五年（1879）黄晓珊自序，一为同治五年（1866）梁炳汉序。

此书包含琴之象形、五音十三徽论考、七弦论考、指法纪略、琴学启蒙、抚琴要则、历代琴式等三十七篇琴论。琴谱分为初集、续集，初集共收录琴曲二十五首，续集共收录琴曲二十首，曲谱暂未列入。

本编所录《阳关三叠》曲谱为谱内第十三首，凡七段，谱内有曲意题解、歌词、后记等文字性内容。

陽關三疊 角音 凡七段

此曲唐王維作唐人送別每唱此什其法先唱七言次除上二字唱五言又除上四字唱三言一步急一步故云疊也

一段

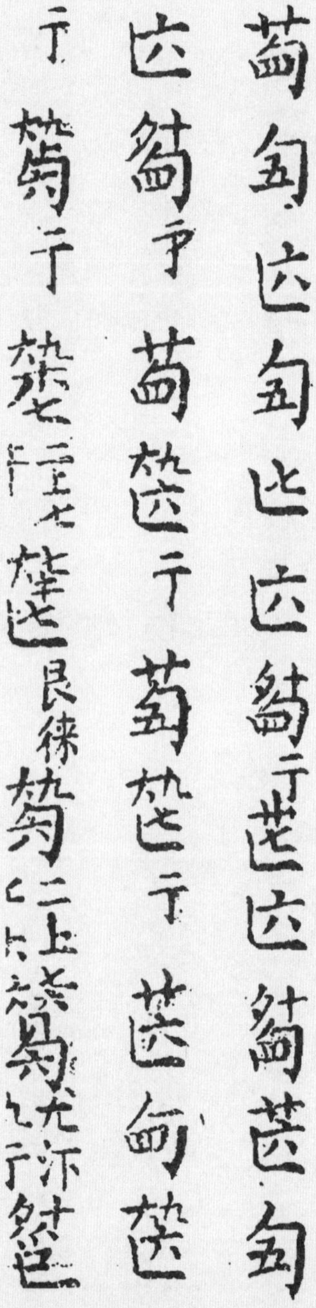

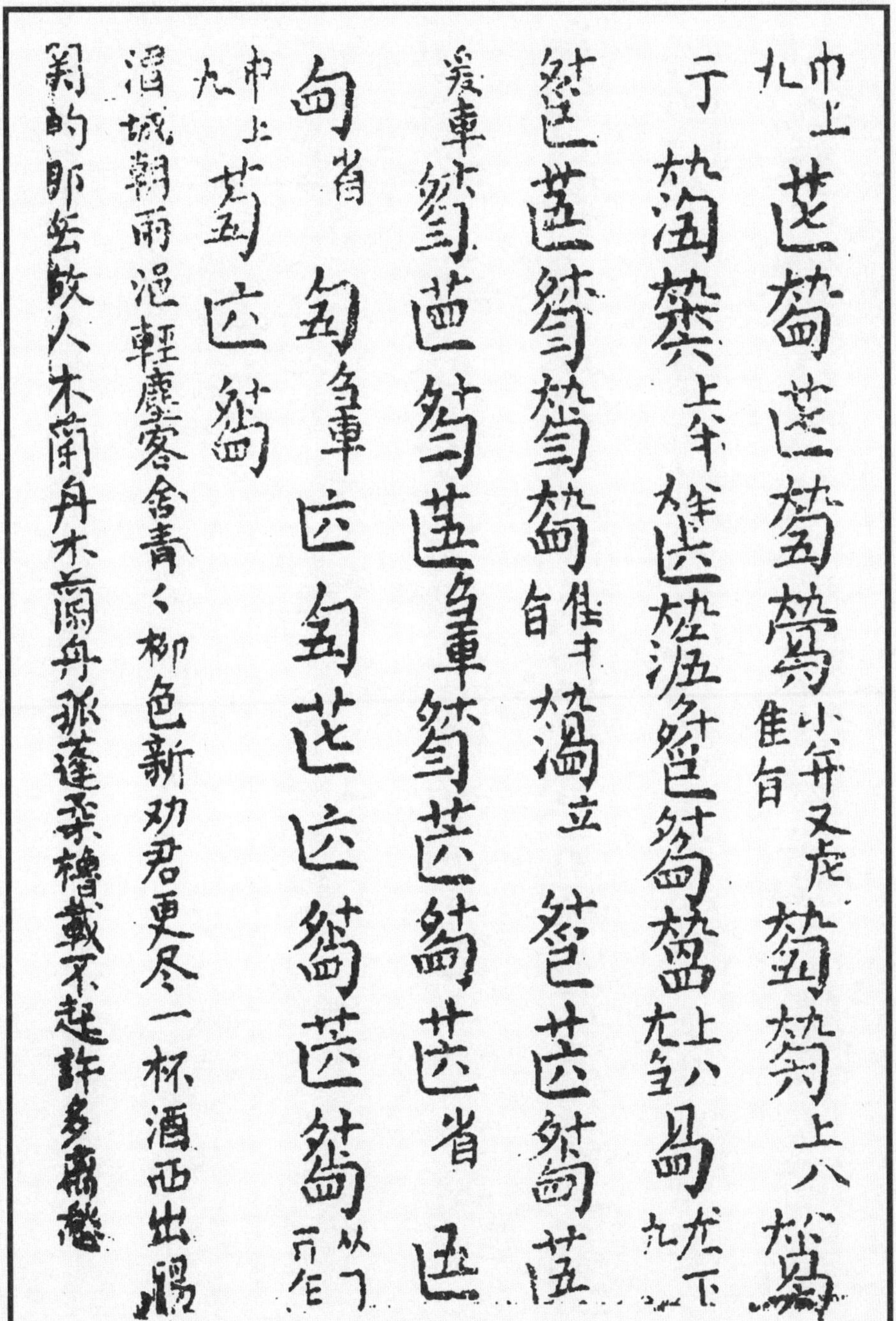

渭城朝雨浥輕塵客舍青〻柳色新劝君更尽一杯酒西出陽

関的那無故人木蘭舟木蘭舟孤蓬柔櫓載不起許多離愁

曲驪歌甫奏人在西陵心在東州只見吳山高聳水東流東流
東流復東流

二段

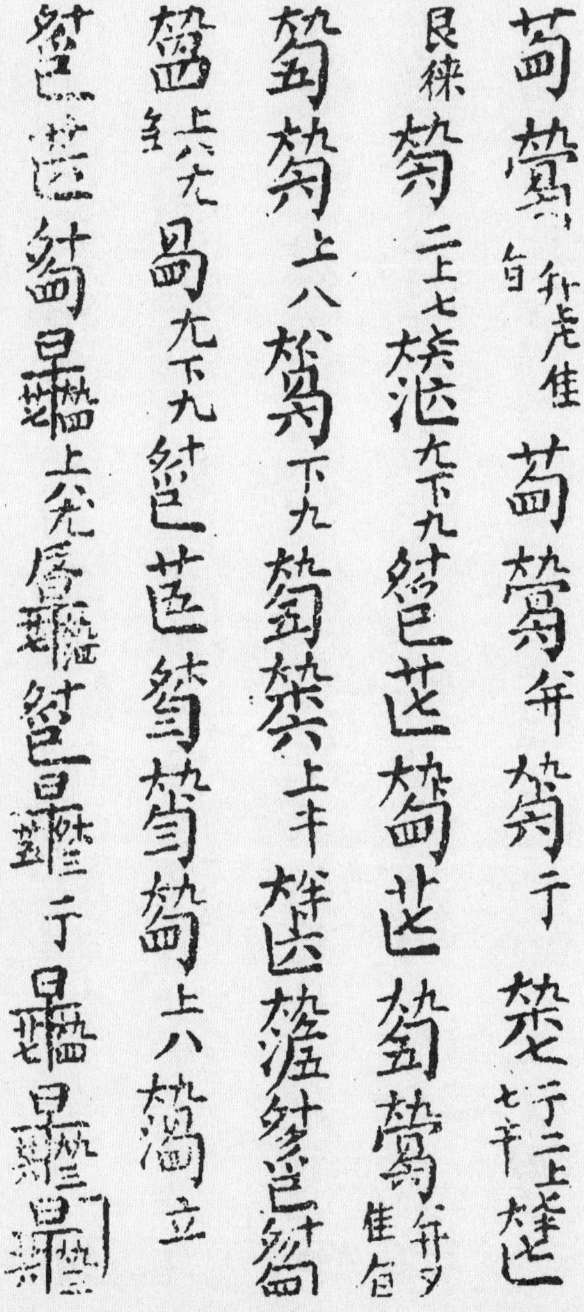

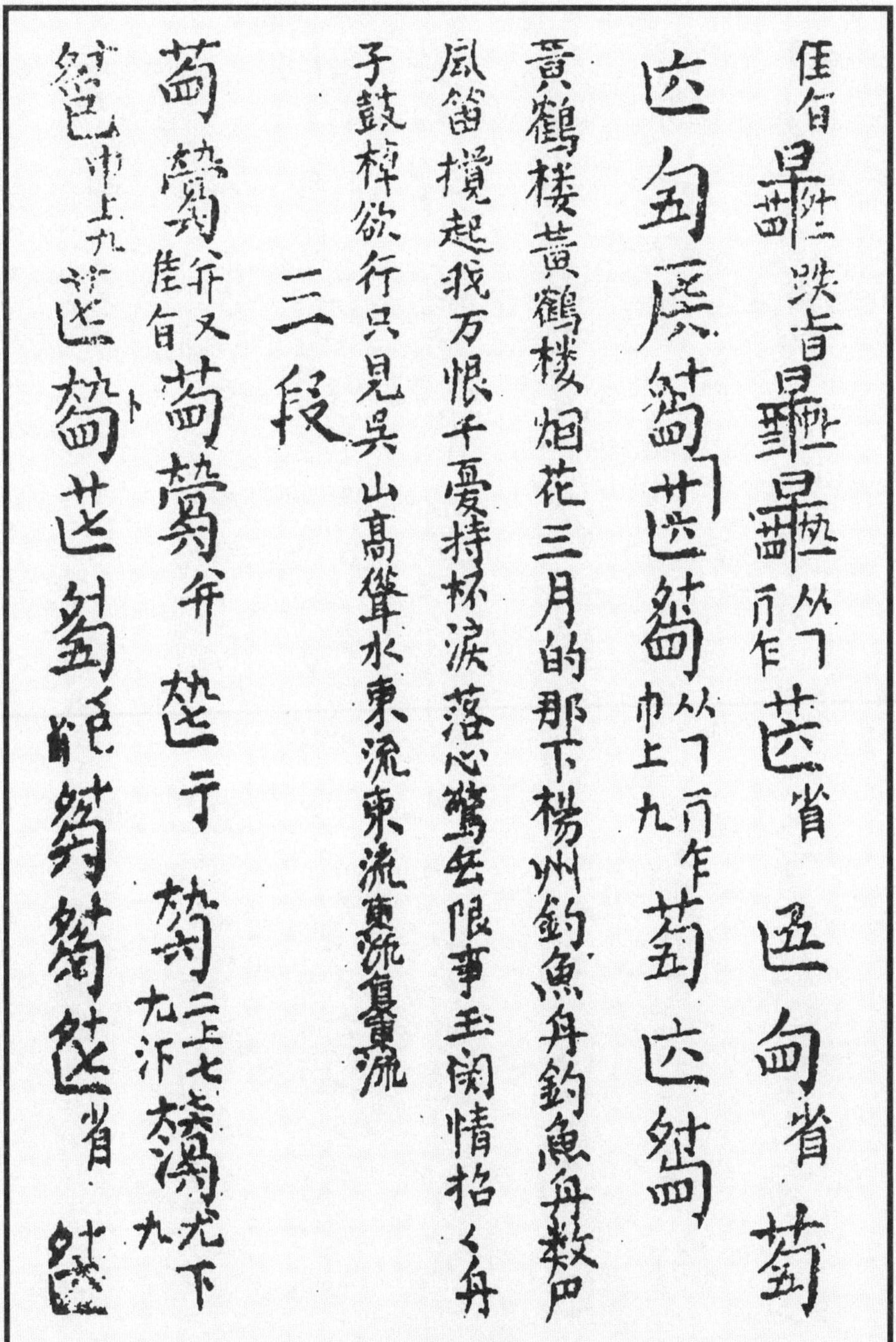

住旬 [illegible] 跌旨 [illegible] [illegible] 从丁 百乍 [illegible] 省 [illegible] [illegible] 省 [illegible]

[illegible] [illegible] [illegible] [illegible] [illegible] 从丁 巾上九 从丁 百乍 [illegible] [illegible] [illegible]

黃鶴楼黃鶴楼烟花三月的那下楊州釣魚舟釣魚舟數户

鳳笛攪起我万恨千憂持杯淚落心驚無限事無閑情招〱舟

子鼓棹欲行只見吳山高聳水東流東流東流復東流

三段

[illegible] [illegible] 弁又 住旬 [illegible] [illegible] 弁 [illegible] 于 [illegible] 二上七 九汴 [illegible] 尤下 九

[illegible] 巾上九 [illegible] [illegible] 卜 [illegible] [illegible] [illegible] [illegible] [illegible] [illegible] 省 [illegible]

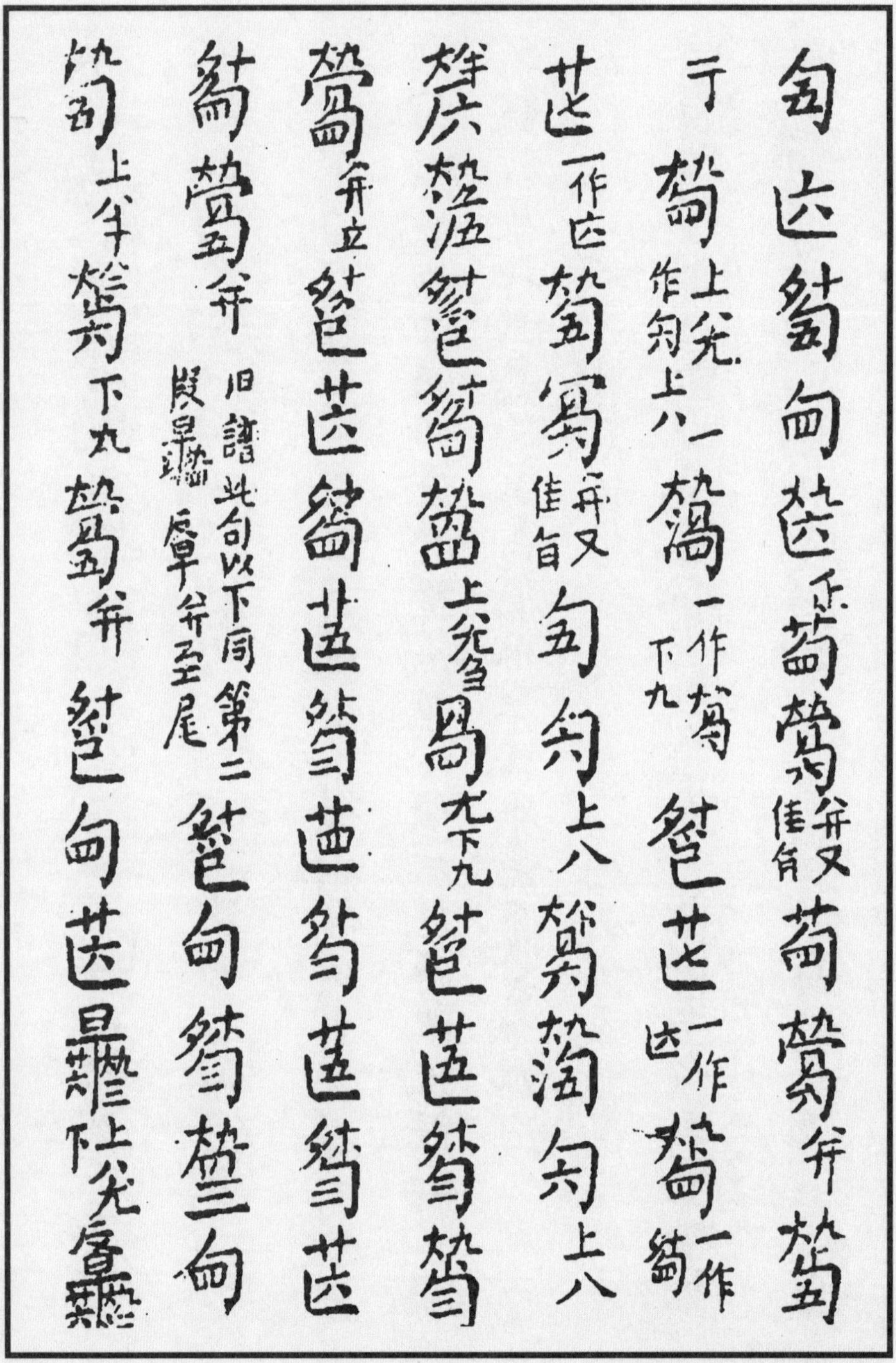

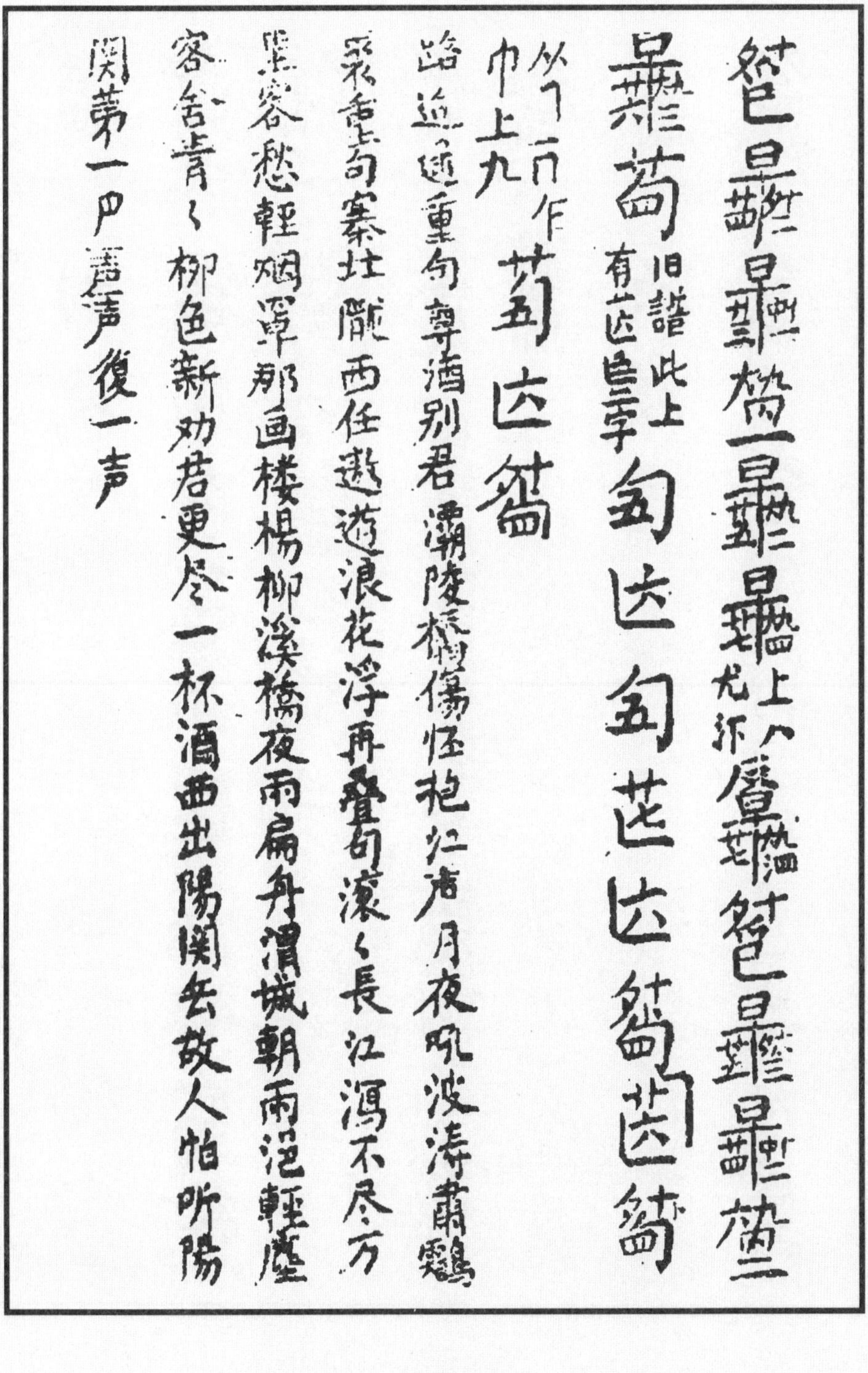

上八 尤抑

旧譜此上有匹皀字

从丁一下作

巾上九

路遥遥重句尊酒别君灞陵橋傷怪抱江声月夜风波涛肃鷄

采香句秦灶隴西任遨遊浪花浮再叠句滚々長江潟不尽方

罷容愁輕烟罩那画楼楊柳溪橋夜雨扁舟渭城朝雨浥輕塵

容舍青々柳色新劝君更尽一杯酒西出陽関無故人怕听陽

関第一尸声復一声

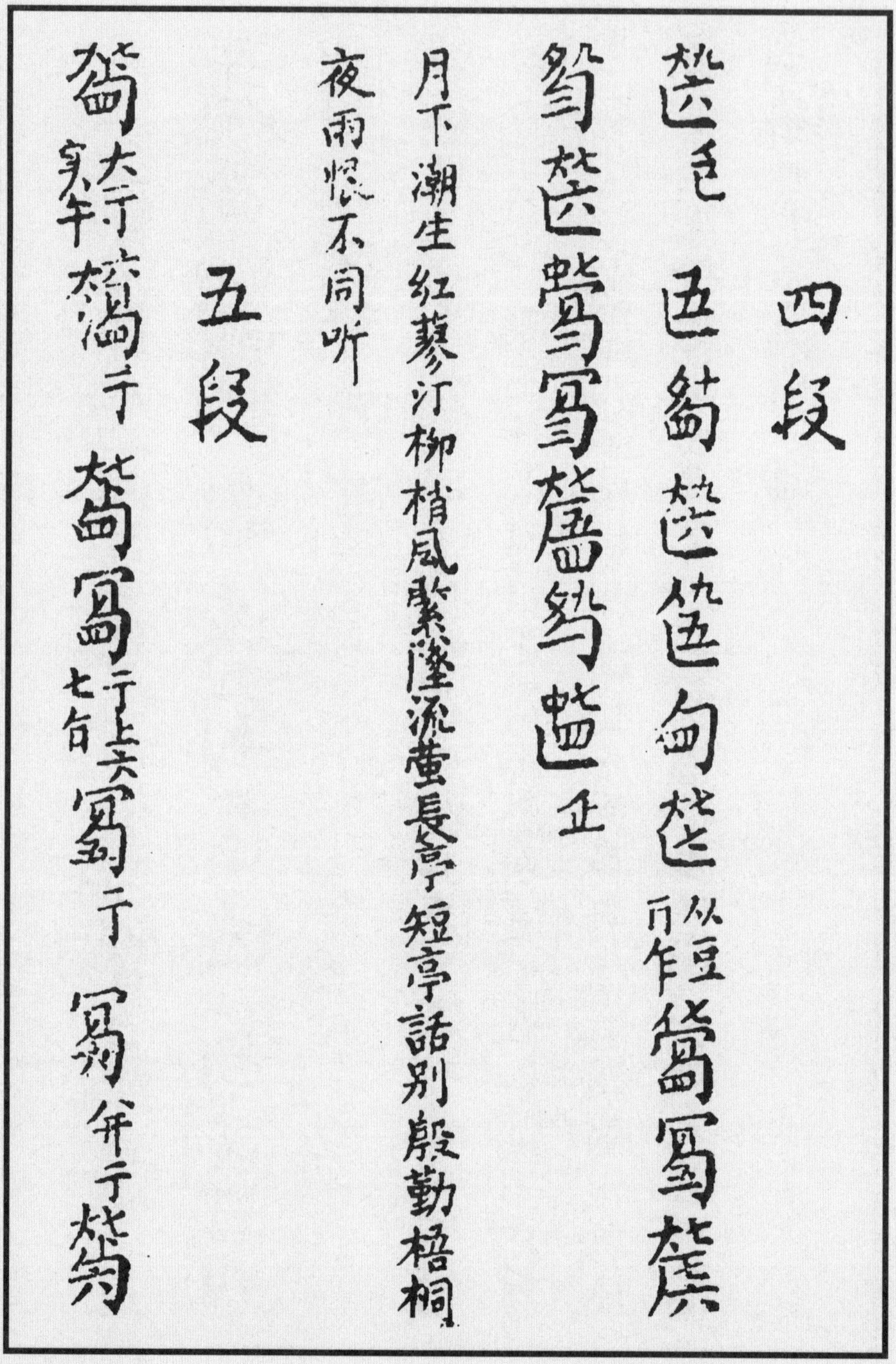

四段

月下潮生紅蓼汀柳梢風緊墜流螢長亭短亭話別殷勤梧桐
夜雨恨不同听

五段

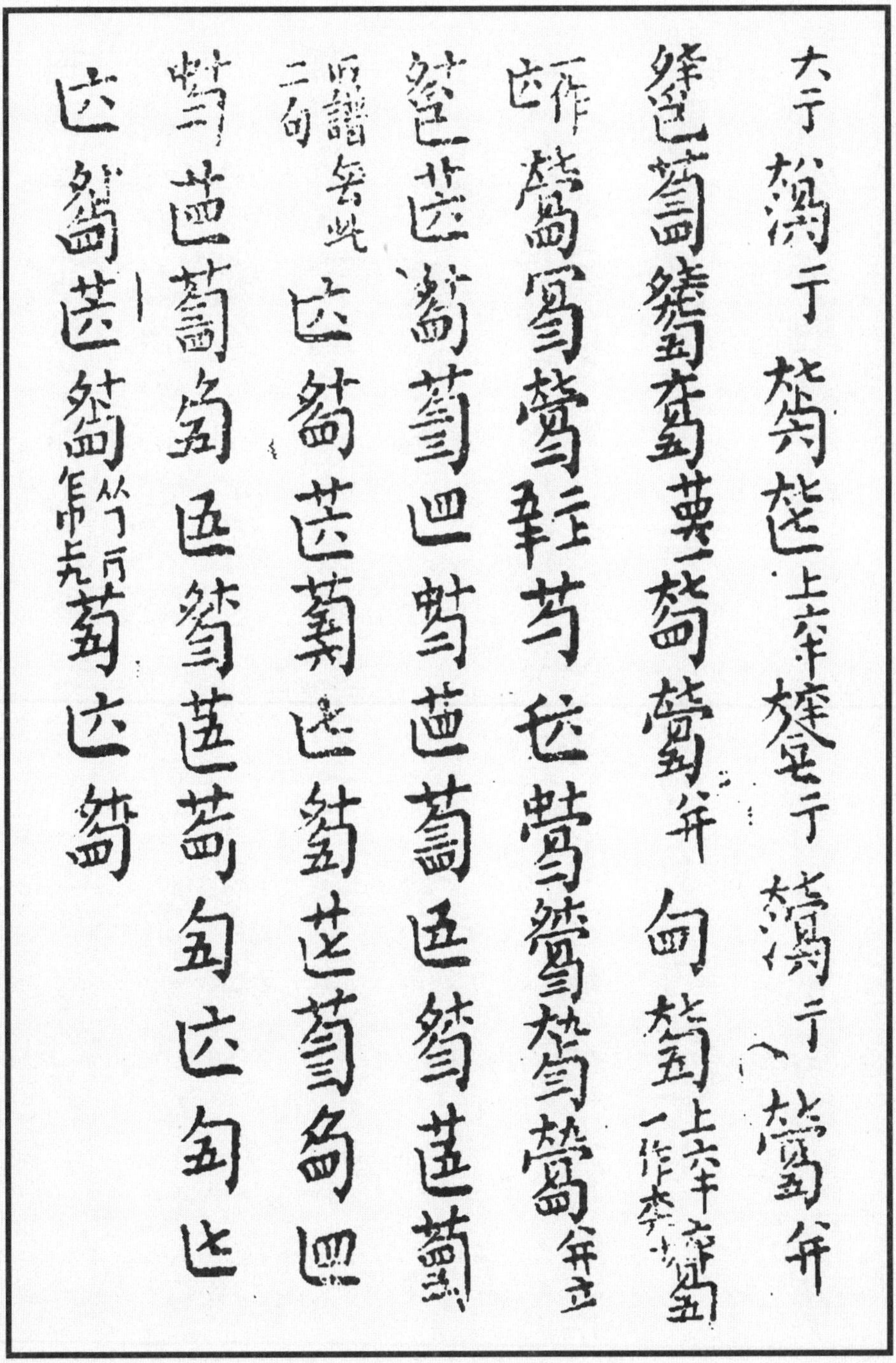

大丁 [illegible] 上六半 [illegible]

[illegible] 上六半 [illegible] 一作李 [illegible]

一作 [illegible] 半立

[illegible]

旧譜無此二句 [illegible]

[illegible]

[illegible]

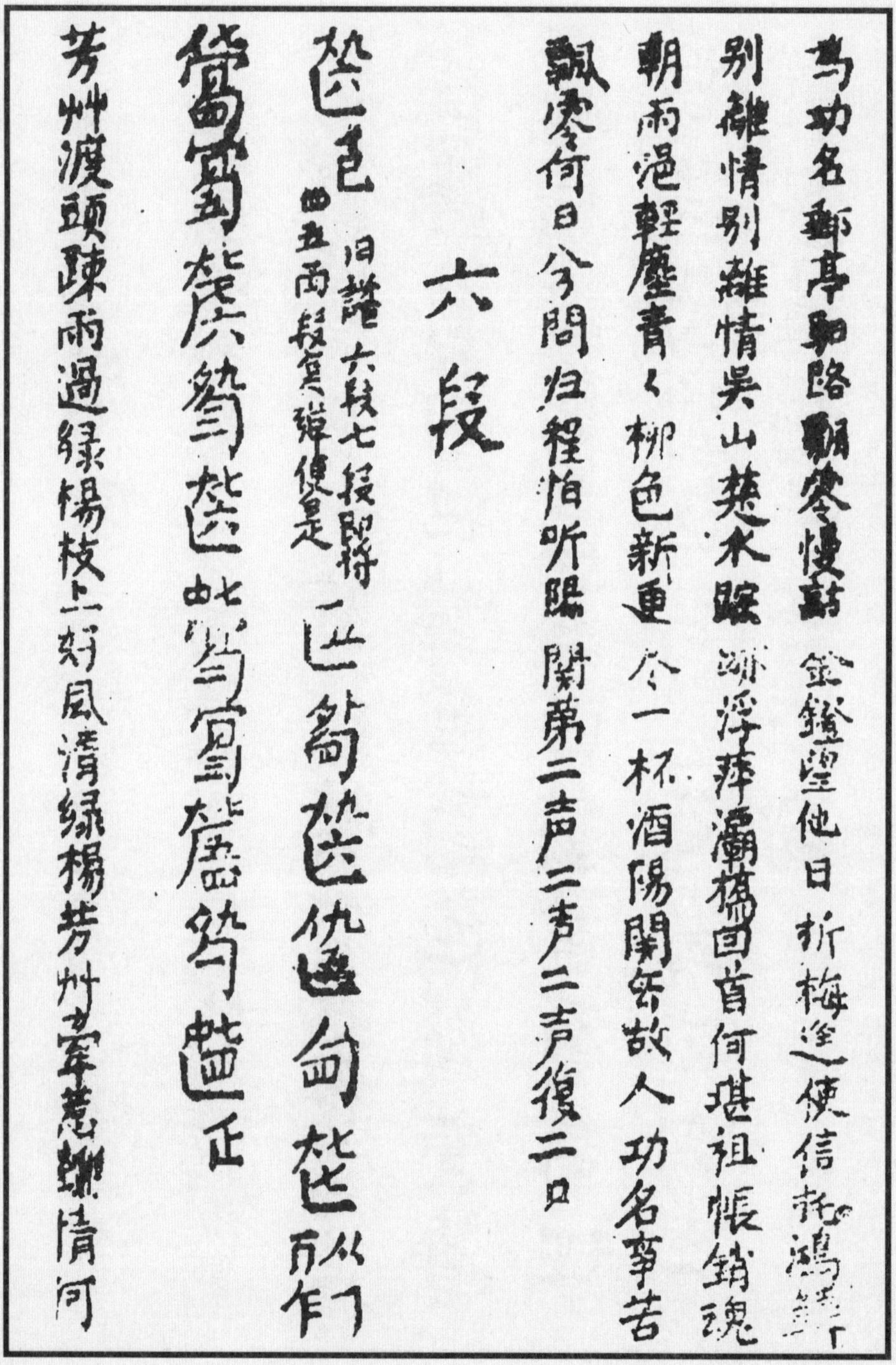

為功名鄆亭驛路飄零慢嗟 鑑望他日 折梅逢使信託鴻鱗

別離情別離情吳山楚水踪跡浮萍灞橋回首何堪祖帳銷魂

朝雨浥輕塵青青柳色新更 尽一杯酒陽關無故人 功名事苦

飄零何日今問归程怕听臨 關第二声二声二声復二口

六段

[illegible] 旧譜六段七段即將四五兩段復彈便是 [illegible] 从丁下作

[illegible] 止

芳艸渡頭疎雨過綠楊枝上好風清綠楊芳艸無情情河

梁携手刺 难分

七段

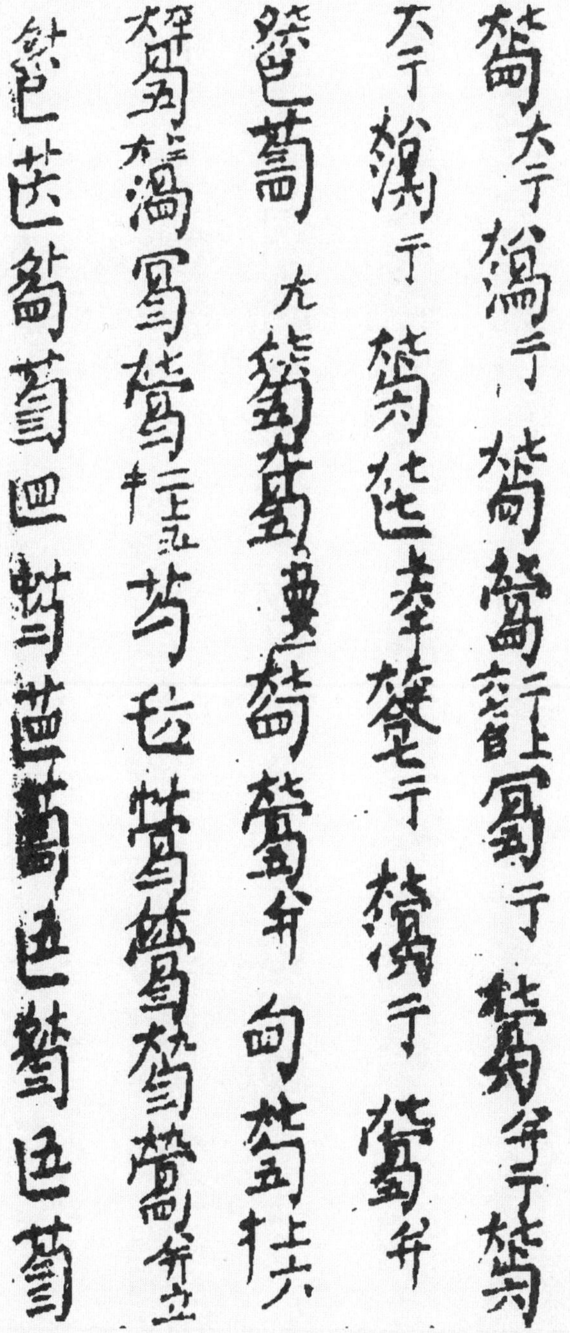

匃四芍茴甸茍芒芍茴句匃苦

匹芍茴菊句芘外到芷句匃匹芍

比匹芶茴芶 中上九 外下作 芶匹芶

再丁寧故人髫年器宇璞玉渾金一願此去蟾宮扳桂雁塔題名

一葉輕一葉輕溜舡載月詩擔挑雲冷々清々鞍馬秋風難禁

雲山圍寨暮別路轉孤城浥輕塵柳色新一杯酒兑故人征帆

掛別結縈何日可再班荊怕听陽關第三尸三尸三尸復三四

尾尸

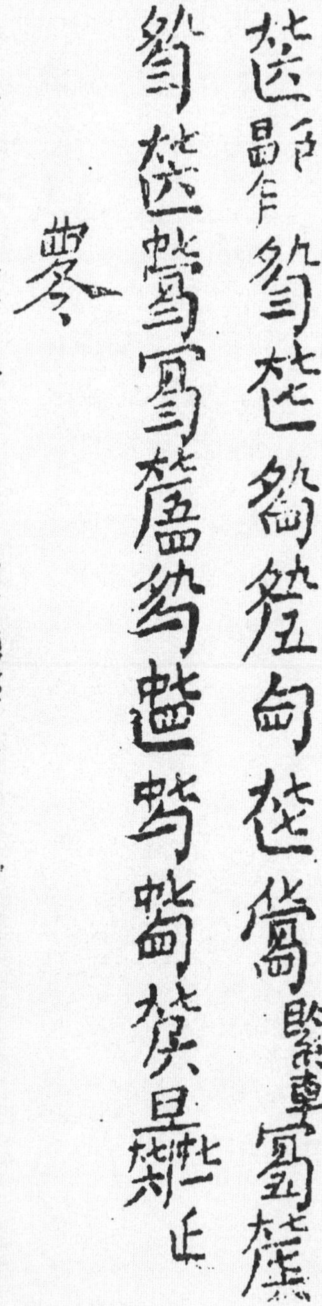

[illegible]

[illegible] 止

[illegible]

他鄉游子遊行客悲〻切〻陽関一曲雲山萬疊留君不住淒

然淚滴

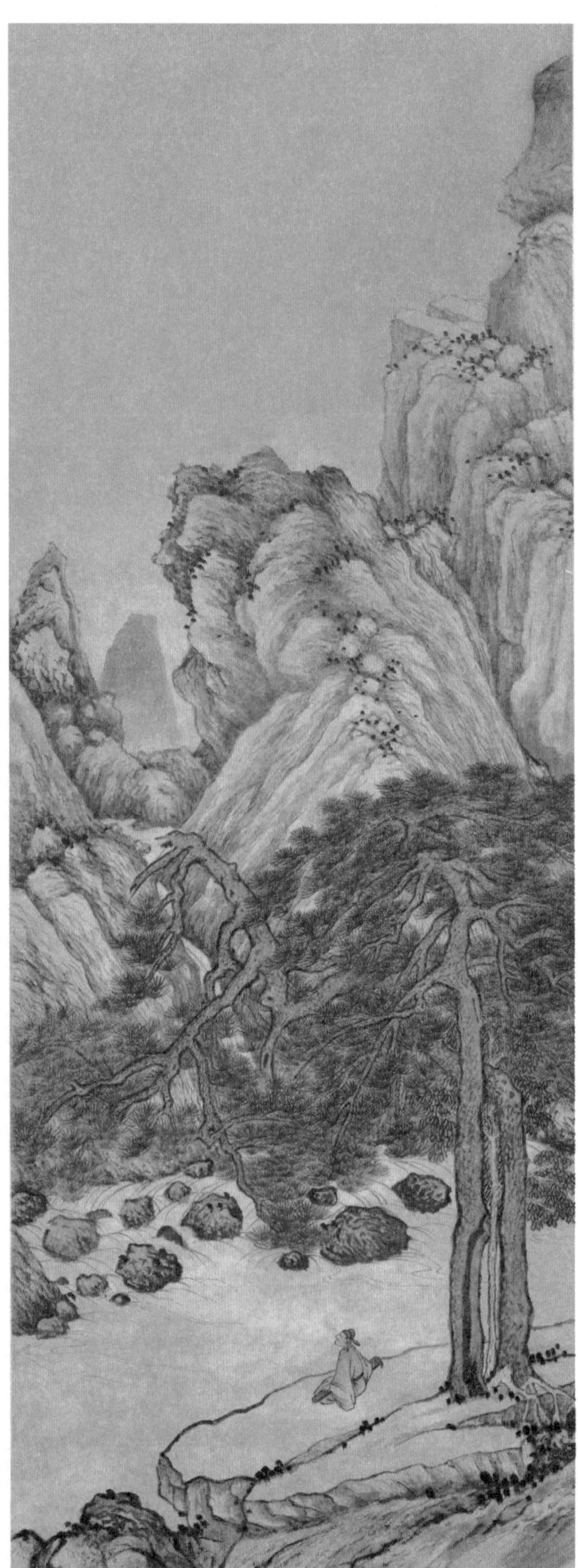

虎丘送客图（临摹）
沈周（明代）

曲谱题解与歌词

此曲唐王维作。唐人送别，每唱此什，其法先唱七言，次除上二字唱五言，又除上四字唱三言，一步急一步，故云三叠也。

一段

渭城朝雨浥轻尘，客舍青青柳色新。劝君更尽一杯酒，西出阳关的那无故人。木兰舟，木兰舟，孤蓬柔橹，载不起许多离愁。一曲骊歌[1]甫奏，人在西陵，心在东州。只见吴山高耸水东流，东流东流复东流。

二段

黄鹤楼，黄鹤楼，烟花三月的那下杨（扬）州。钓鱼舟，钓鱼舟，数声风笛，搅起我万恨千忧。持杯泪落心惊，无限事，玉关[2]情。招招舟子，鼓棹欲行。只见吴山高耸水东流，东流东流复东流。

三段

路迢遥，重句（路迢遥），尊酒别君灞陵桥[3]。伤怀抱，江声月夜吼波涛。肃鹴裘[4]，重句（肃鹴裘），塞北陇西任遨游。浪花浮，再叠句（浪花浮），滚滚长江，泻不尽万里客愁。轻烟罩那画楼，杨柳溪桥，夜雨扁舟。渭城朝雨浥轻尘，客舍青青柳色新。劝君更尽一杯酒，西出阳关无故人。怕听阳关第一声，一声一声复一声。

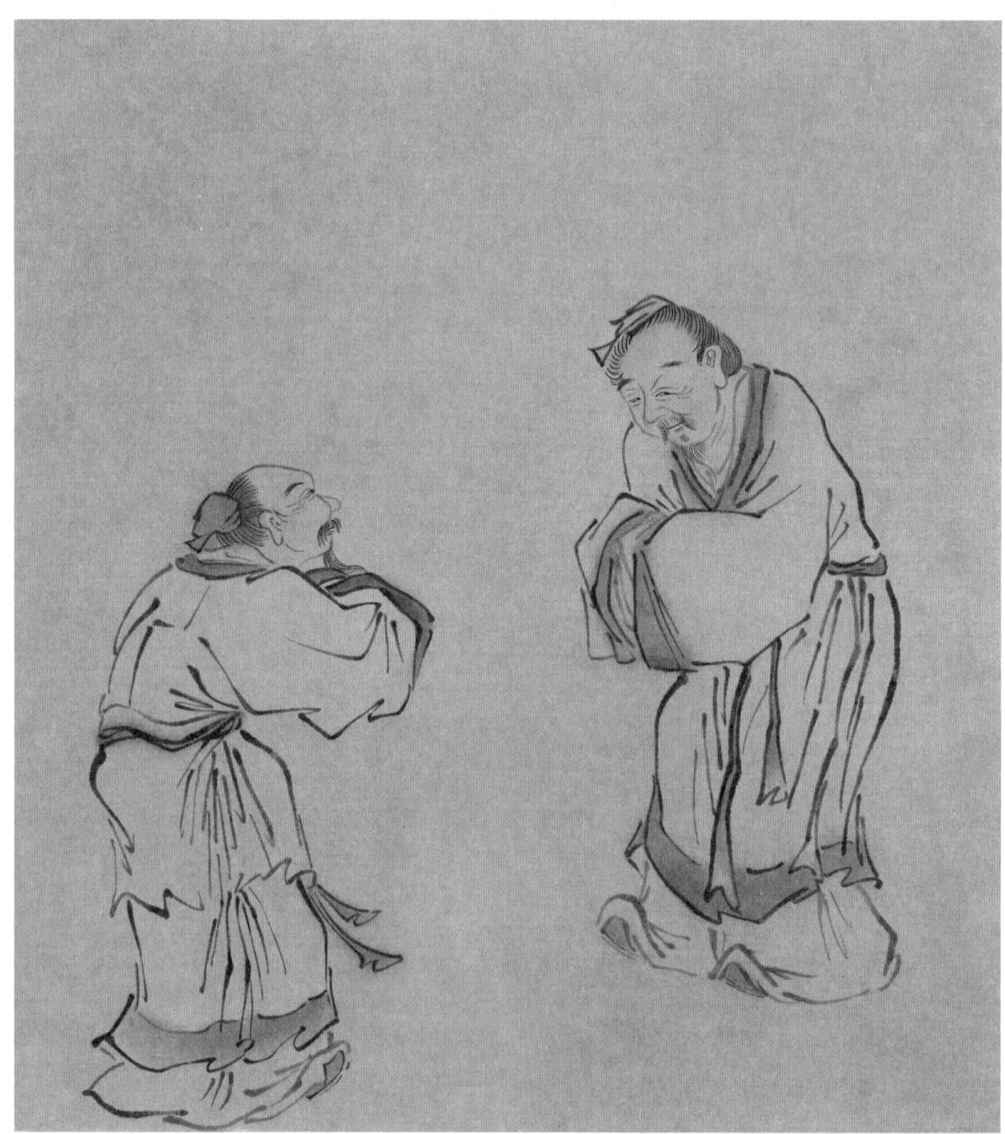

问道图页（临摹）
钱选（元代）

四段

月下潮生红蓼汀，柳梢风紧坠流萤。长亭短亭，话别殷勤，梧桐夜雨，恨不同听。

五段

为功名，邮亭驿路飘零。慢敲金镫[5]，望他日折梅逢使，信托鸿鳞[6]。别离情，别离情，吴山楚水，踪迹浮萍。灞桥回首，何堪祖帐销魂？朝雨浥轻尘，青青柳色新。更尽一杯酒，阳关无故人。功名事，苦飘零。何日兮，问归程。怕听阳关第二声，二声二声复二声。

六段

芳草渡头疏雨过，绿杨枝上好风清。绿杨芳草，牵惹离情。河梁携手，刺刺难分。

七段

再丁宁。故人髫年[7]器宇，璞玉浑金。愿此去蟾宫折桂[8]，雁塔题名。一叶轻，一叶轻，酒船载月，诗担挑云，冷冷清清，鞍马秋风难禁。云山围寨幕，别路转孤城。浥轻尘，柳色新。一杯酒，无故人。征帆挂，别绪萦。何日兮，再班荆[9]。怕听阳关第三声，三声三声复三声。

尾声

他乡游子送行客，悲悲切切。阳关一曲，云山万叠，留君不住，凄然泪滴。

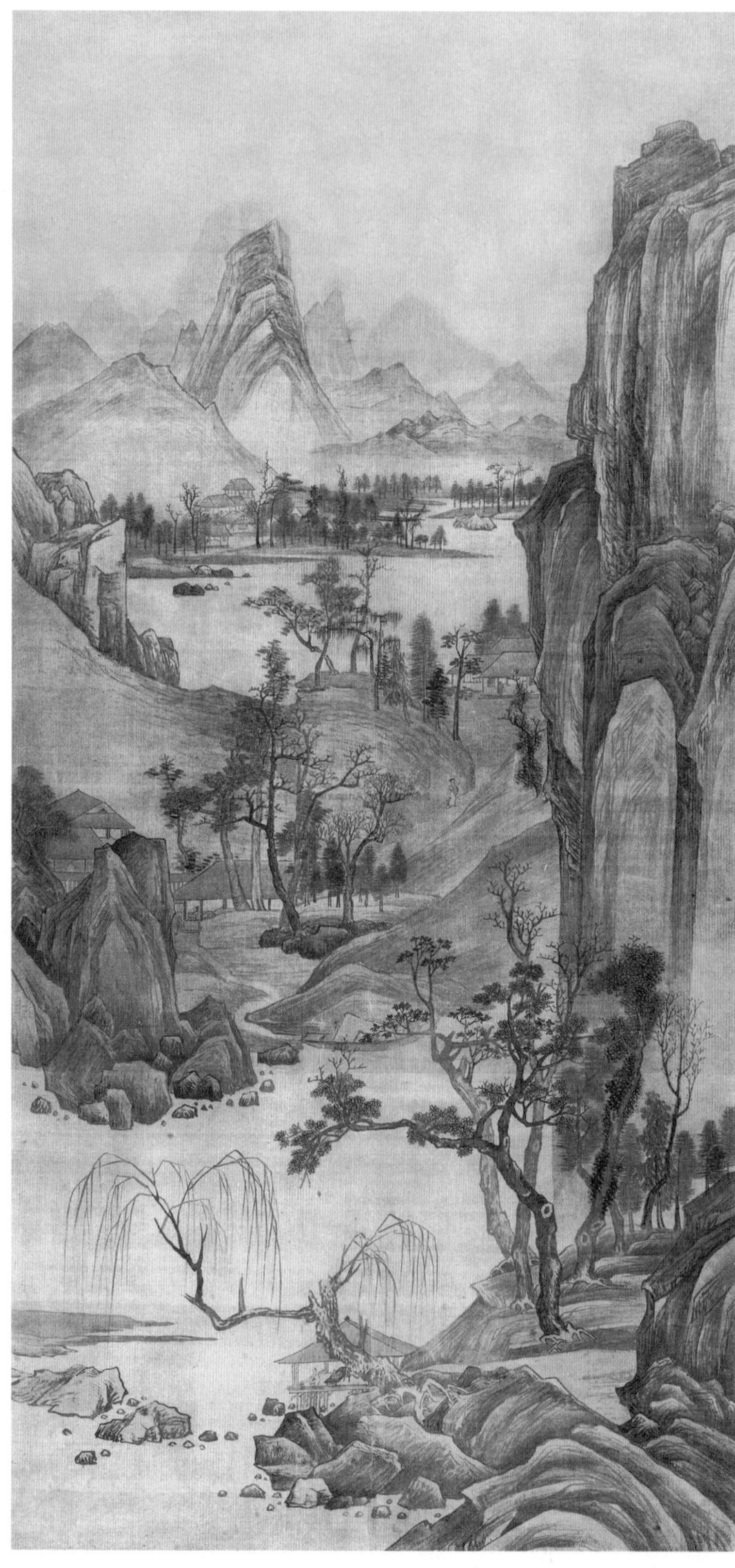

柳亭独坐图（临摹）
唐寅（明代）

注释

[1] 骊歌：离别时所唱的歌。

[2] 玉关：同“玉门关”，两汉时期通往西域的关隘。故址在今甘肃敦煌市西北小方盘城，由于大量的和阗玉由此运入中土，故称为“玉门关”。也称为“玉门”“玉关”。

[3] 灞陵桥：一作“霸陵桥”。许昌西郊的石梁河上，今日仍横卧着青石砌成的灞陵桥，桥头竖有“汉关帝挑袍处”古碑，为明代总兵左良玉墨迹。

[4] 肃鹴裘：即鹔鹴裘，曲调名。

[5] 镫：马镫，挂在马鞍子两旁供骑马人踏脚的东西。

[6] 鸿鳞：指代书信。

[7] 髫年：童年。

[8] 蟾宫：唐以来称科举及第为蟾宫折桂，因以指科举考试。折桂：科举及第。

[9] 班荆：朋友相遇，共坐谈心，出自《春秋左传·襄公二十六年》。

译文

这首曲子是唐代王维所作。唐代人送别时，每每唱这首曲子，用的方法是先唱七言；然后在此基础上减去两个字唱五言；又减去四个字唱三言，一句比一句急切，所以叫“三叠”。

第一段

清晨的微雨润湿了渭城地面的灰尘，馆驿旁的柳树枝叶脆嫩一新。劝慰我的朋友再喝一杯酒，向西出了阳关就难以遇到故交。木兰舟，木兰舟，孤舟轻摇，载不起许多分离的愁绪。离别的歌曲刚奏起，人虽在西陵，心却到了东州。

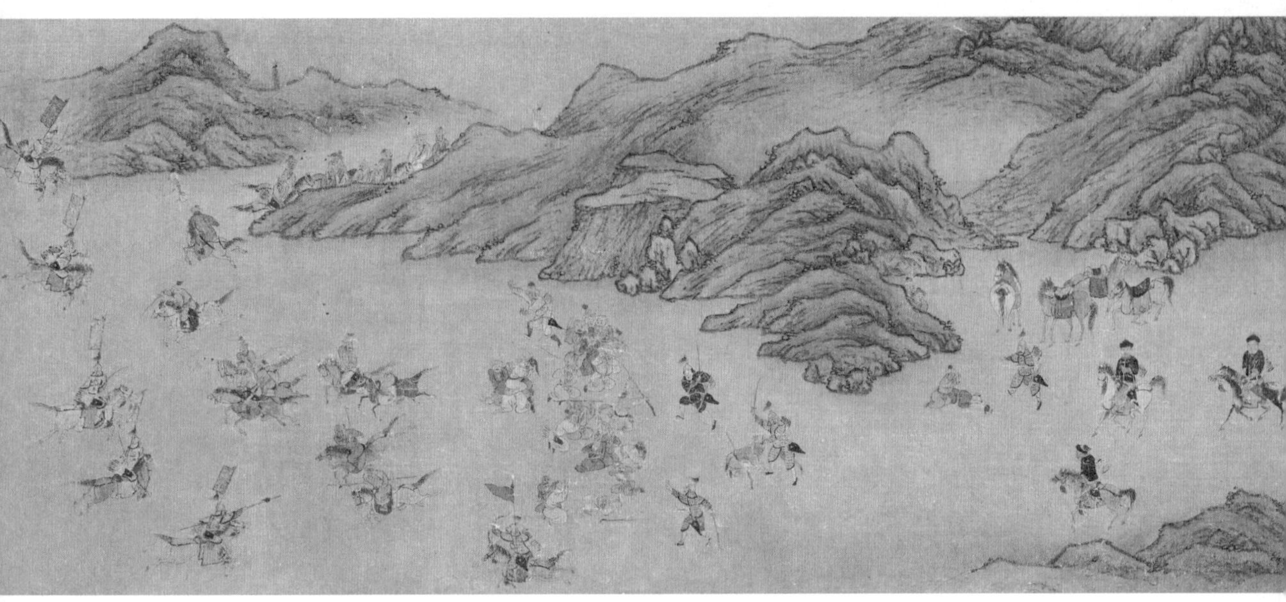

征西图（临摹）
郭朝祚（清代）

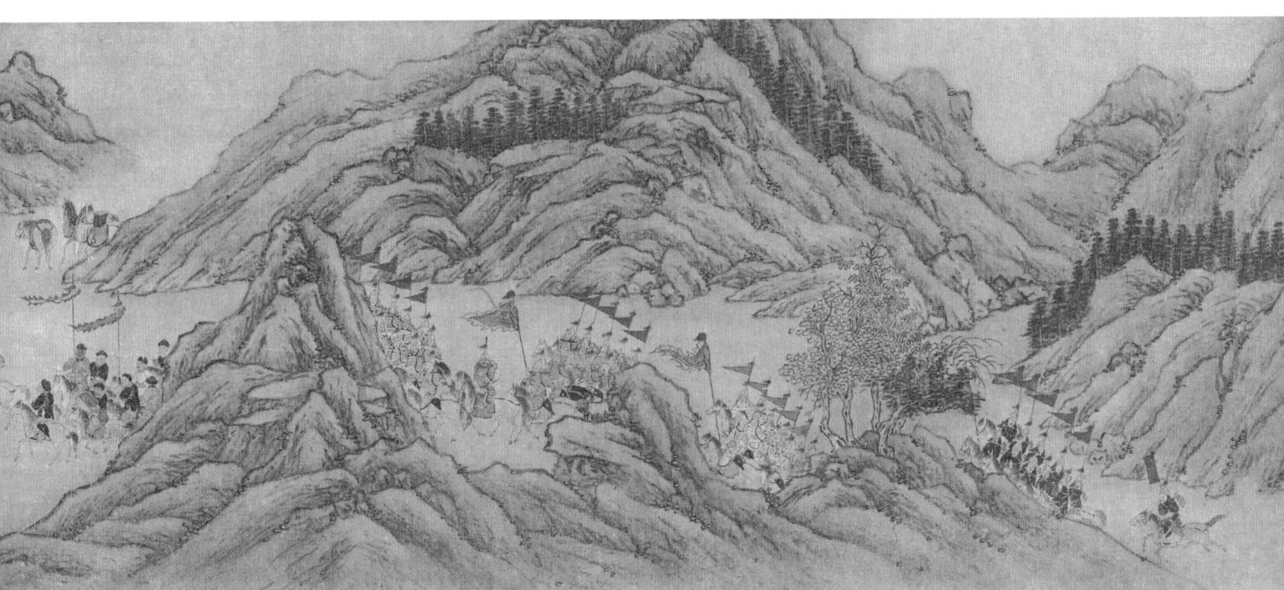

只看到吴山高高耸立，水向东流去，东流东流又东流。

第二段

黄鹤楼，黄鹤楼，在春意正浓的三月顺着长江南下去扬州，一路繁花似锦。钓鱼舟，钓鱼舟，笛声幽咽，扰起我万种忧愁离恨。举起酒杯泪就流了下来，心里不安，（因为）有说不尽的事情，戍边的人有着思乡之情。船夫挥手频频招呼，划桨将要离开。只看到吴山高高耸立，水向东流去，东流东流又东流。

第三段

路途遥远，路途遥远，饮一杯酒和君在灞陵桥离别。月夜，江上波涛汹涌，令人感慨伤怀。《鹔鹴裘》，《鹔鹴裘》，塞北陇西任意游历。浪花浮起，浪花浮起，长江滚滚，离家万里的游人有解不尽的愁绪。轻薄的烟雾笼罩华丽的亭楼，杨柳依依，溪水从桥下流过，夜晚雨落扁舟。清晨的微雨润湿了渭城地面的灰尘，馆驿旁的柳树枝叶脆嫩一新。劝慰我的朋友再喝一杯酒，向西出了阳关就难以遇到故交。怕听到《阳关三叠》的第一声，一声一声又一声。

第四段

月下潮水涌起，水边平地开满红蓼。柳树梢被风吹得很紧，萤火虫也被风吹得飞行高低不定。旅程遥远，话别时情深义厚，夜雨阴冷地打在梧桐树上，恨不能同时听到。

第五段

为了功名利禄，奔波在四处的驿馆。骑马行路，希望他日摘花的时候碰到传递公文的人，（托他把花）与书信同寄来。别离的情感，别离的情感，吴越的山脉，荆楚的江水，如浮萍般漂泊无依。在灞桥回头，怎能受得了设帐饯行时的伤感？清晨的微雨润湿了渭城地面的灰尘，馆驿旁的柳树枝叶脆嫩一新。劝慰我的朋友再喝一杯酒，向西出了阳关就难以遇到故交。为了功名利禄，辛

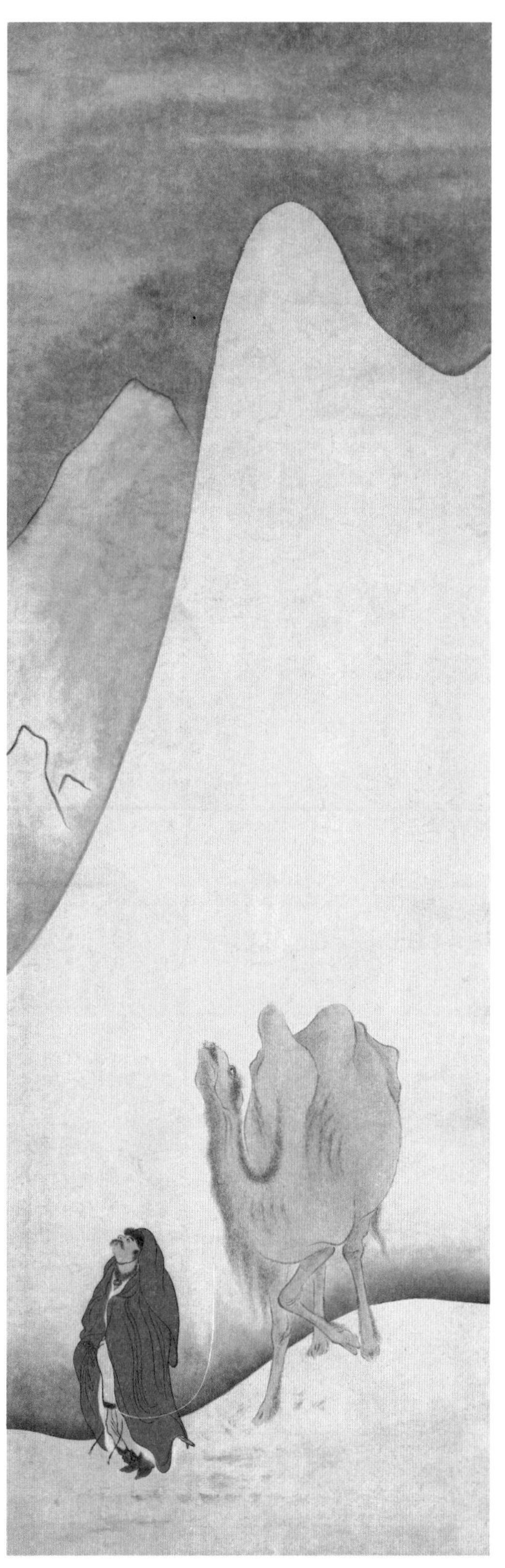

天山积雪图（临摹）
华嵒（清代）

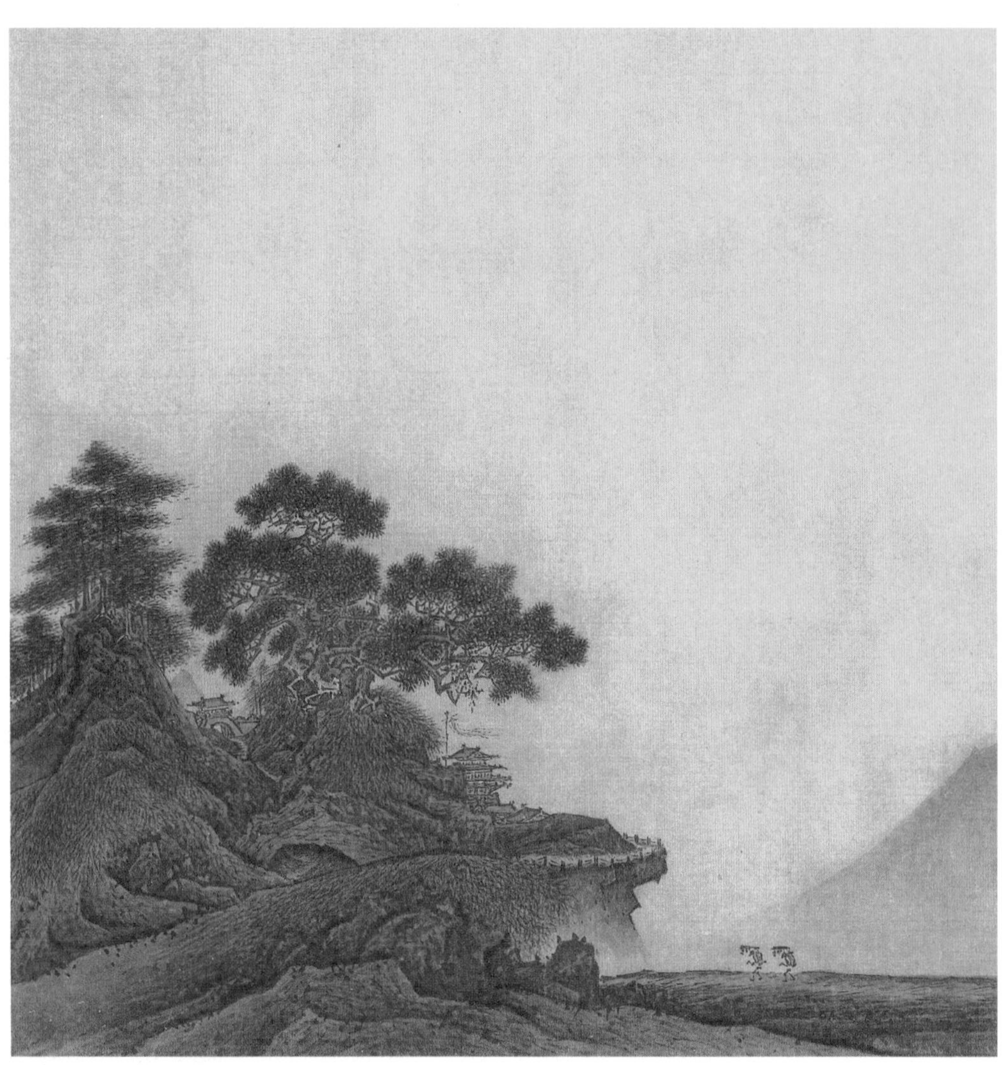

严关古寺图页（临摹）
贾师古（宋代）

苦地流落他乡。问他何日能回来？怕听到《阳关三叠》的第二声，二声二声又二声。

第六段

渡口处的芳草经过一夜淅沥的小雨的洗涤，绿杨如新，微风清新自然。杨树、草地绿意盎然，引发我离别的情感。送别时依依不舍，难舍难分。

第七段

一再叮咛。故人幼年就仪表堂堂，品质淳朴，希望此行能科举登第，金榜题名。一叶轻舟，一叶轻舟，供人饮酒的游船上倒映着月光，对云吟诗，冷冷清清，骑马迎着秋日凉风的痛苦难以忍受。云雾缭绕的群山围绕着寨墙上的垛口，（想让人）从另一条路进城。清晨的微雨润湿了渭城地面的灰尘，馆驿旁的柳树枝叶脆嫩一新。劝慰我的朋友再喝一杯酒，向西出了阳关就难以遇到故交。远途扬帆，离愁别绪萦绕心头。何日才能共同谈心？怕听到《阳关三叠》的第三声，三声三声又三声。

尾声

客居他乡的游子与送行的故人，心情悲切。一首《阳关三叠》，群山雾绕，却留不住你啊，顿时潸然泪下。

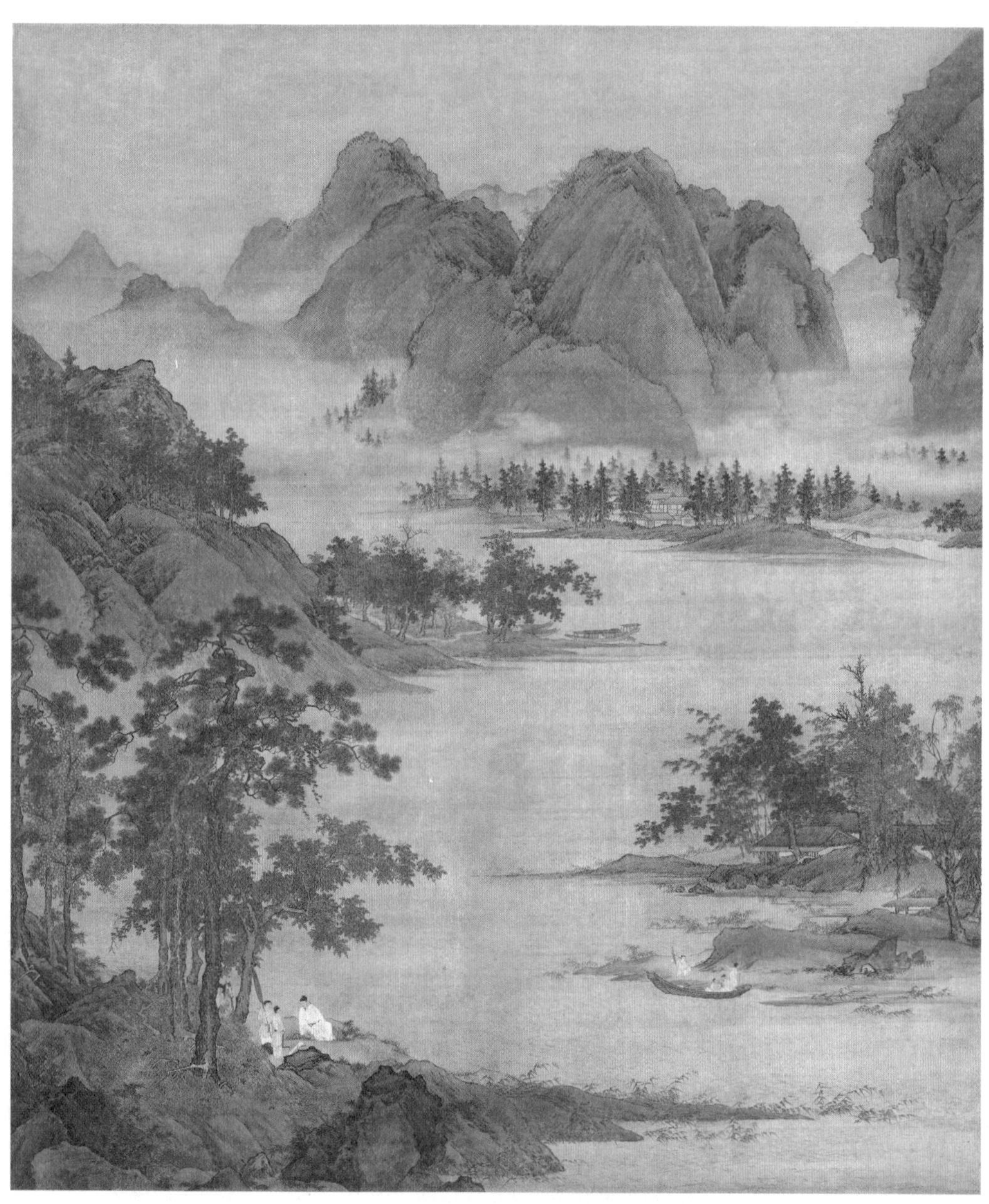

秋江待渡图（临摹）
仇英（明代）

参考文献

[1] 谷神子, 薛用弱. 博异志 · 集异记. 北京: 中华书局,1980.

[2] 程国赋. 论唐代逸事小说的成因及其嬗变. 烟台师范学院学报(哲学社会科学版),1996,13(3).

[3] 欧阳修, 宋祁. 新唐书. 长沙: 岳麓书社,1997.

[4] 陶冶. 千家诗故事. 北京: 商务印书馆国际有限公司,2000.

[5] 陈铁民. 王维诗选. 北京: 人民文学出版社,2002.

[6] 刘昫, 等. 百衲本旧唐书. 北京: 国家图书馆出版社,2014.

[7] 王志清. 王维诗传. 石家庄 : 河北人民出版社,2016.

[8] 辞海编辑委员会 . 辞海 . 上海: 上海辞书出版社 ,1979.

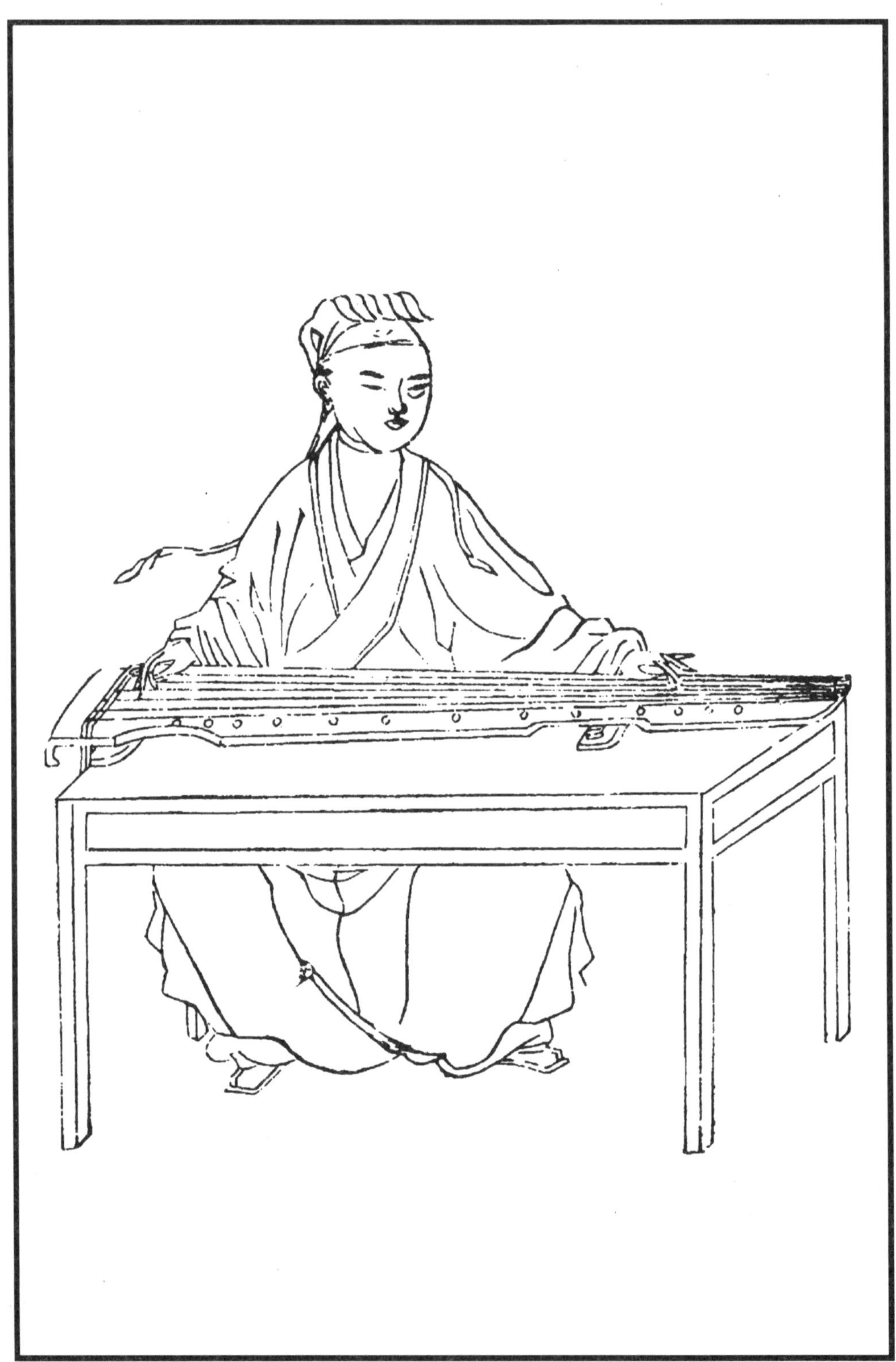

《琴学入门》
坐位身首颈肩手臂肘腕足膝各规

坐位身首颈肩手臂肘腕足膝各规

坐杌宜高，琴案宜低，身宜离案半尺，心对五晖之间。首正勿垂，颈直勿偏，肩平勿耸，背竖勿鞠。两膝齐开，足跟相向如八字，然切忌箕踞，亦如射法，志正体直，但射乃立体，此则坐体，切勿因是而如木偶。至左右两肘臂为按弹运动之枢机，周身气力藉以贯通焉。抚琴者但知用力在指，然不知先由于肘臂也。要在使臂离开两胁，两肘舒展如鸟舒翼，若环抱然。两腕宜悬，勿倚于琴，则按之上下、弹之出入均得灵活而无滞涩之病矣。

（清）张鹤 《琴学入门》

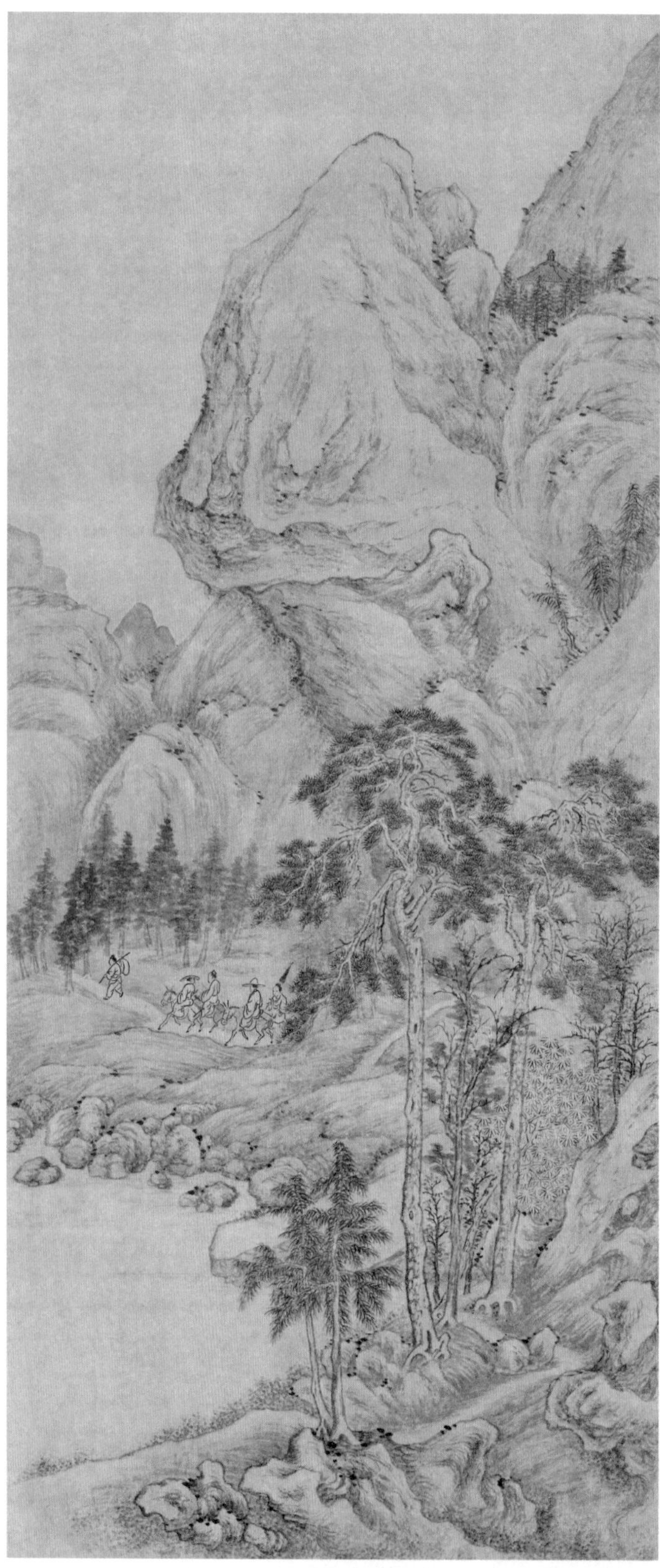

秋山晓发图（临摹）
管希宁（清代）

古琴品鉴之云表龙璈

仲尼式　北宋（960—1127）

长：125 cm　宽：肩 18 cm　尾 14.5 cm　厚：5 cm

琴材配件

面桐底梓，通体髹黑漆，牛毛断，原装蚌徽，长方形池沼。紫檀岳尾，青玉轸足。

款识

（一）龙池上方刻篆书琴名“云表龙璈”。

（二）龙池两侧刻隶书：“琴有四善，轻松脆朽之谓也。余初至白下，见唐雷氏琴木皆枯朽，殆不胜指，而其音益沉。复见斯琴，乃明谌带溪选豫章桐以作者，其坚如石，商韵清越，因珍藏之，至唐明之远近有所勿问焉。”落款为楷书“道光癸卯秋诗舫识于宦海桃源之室”。钤印两方“诗”和“舫”。

（三）龙池下方钤大印两方：“白门王元福子平氏款识古琴鉴赏之章”“玉圃珍藏”。

说明

道光题铭说此琴乃明代谌氏所作，琴内外无明代斫琴人题名，不知何所据而云？余平生观摩唐宋明老琴数百，觉此琴颇有宋琴气象，其底面微凸，延续唐琴之浑圆；音韵松古过于一般宋明琴；凤沼处有多年挂琴磨出的深坑，唐宋老琴时有之。当代鉴琴家亦多疑为宋斫，如《中国古琴民间典藏》（第 175 页），定此为北宋琴。

唐健垣　自白于香江霞外居

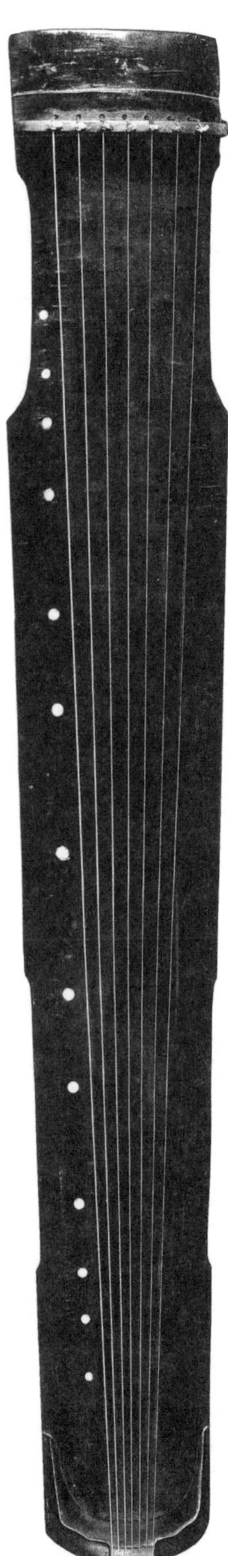

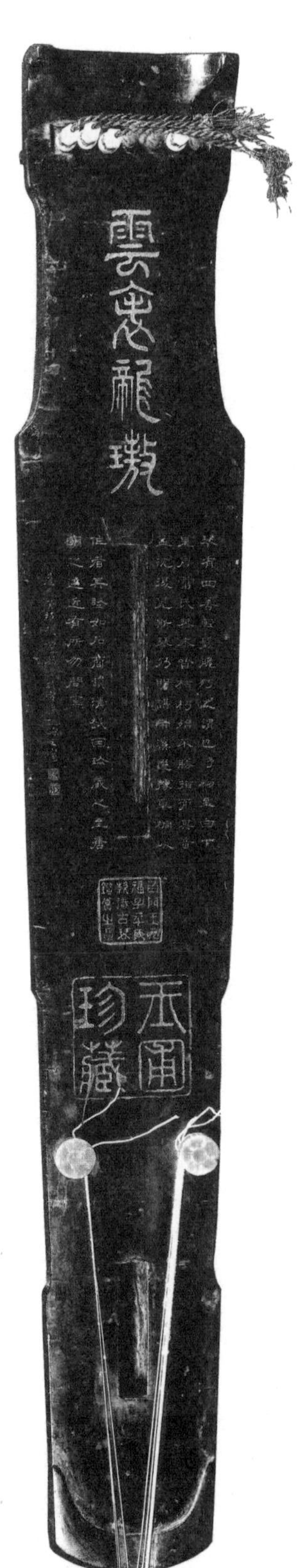

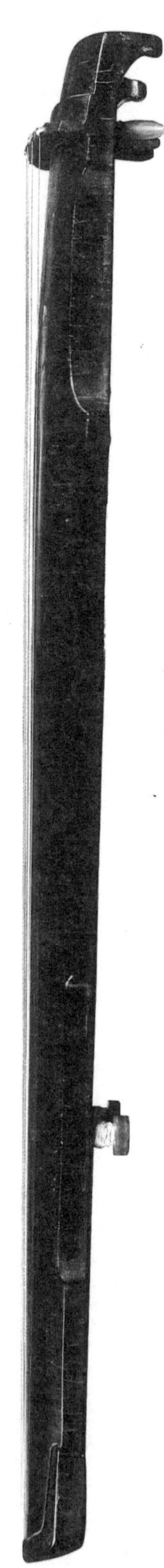

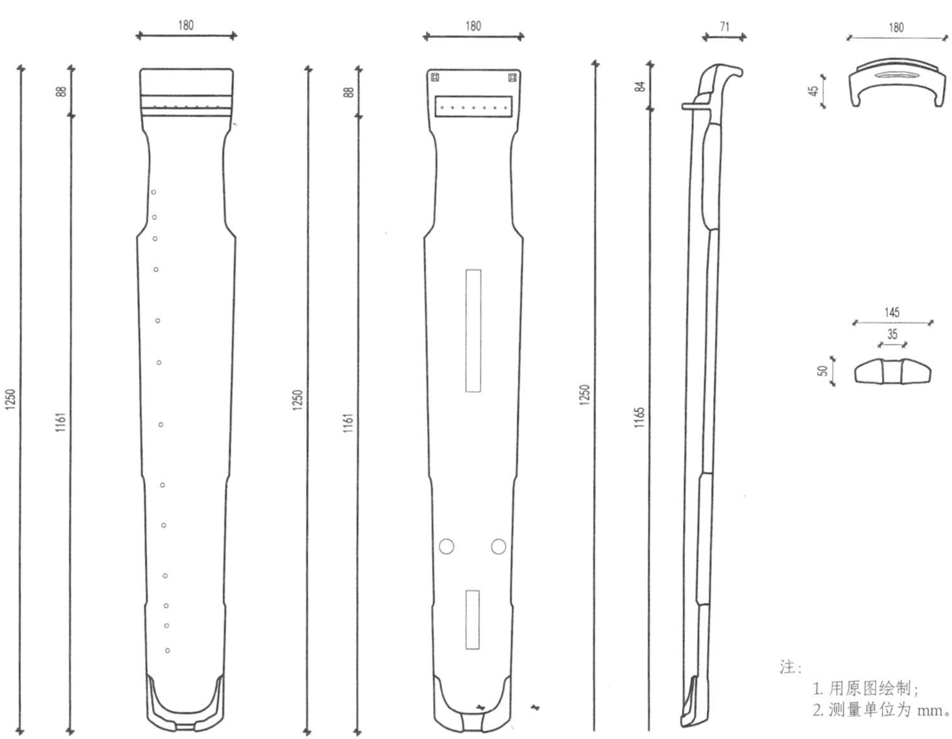
180
88
1250
1161
180
88
1250
1161
71
84
1250
1165
180
45
145
35
50
注：
1. 用原图绘制；
2. 测量单位为 mm。

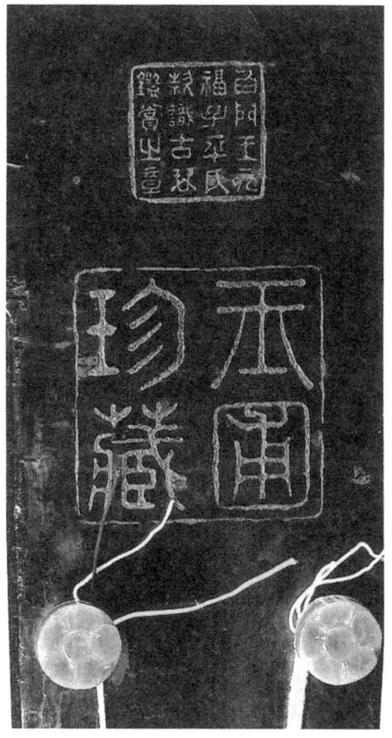

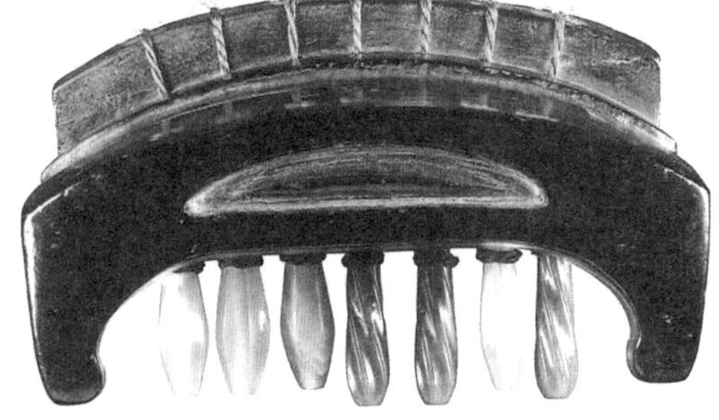

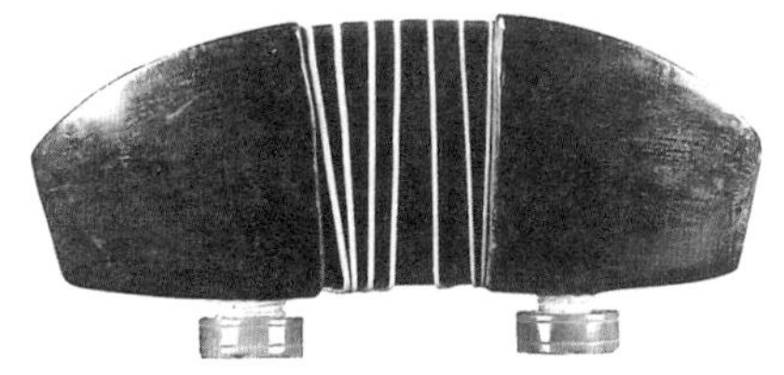

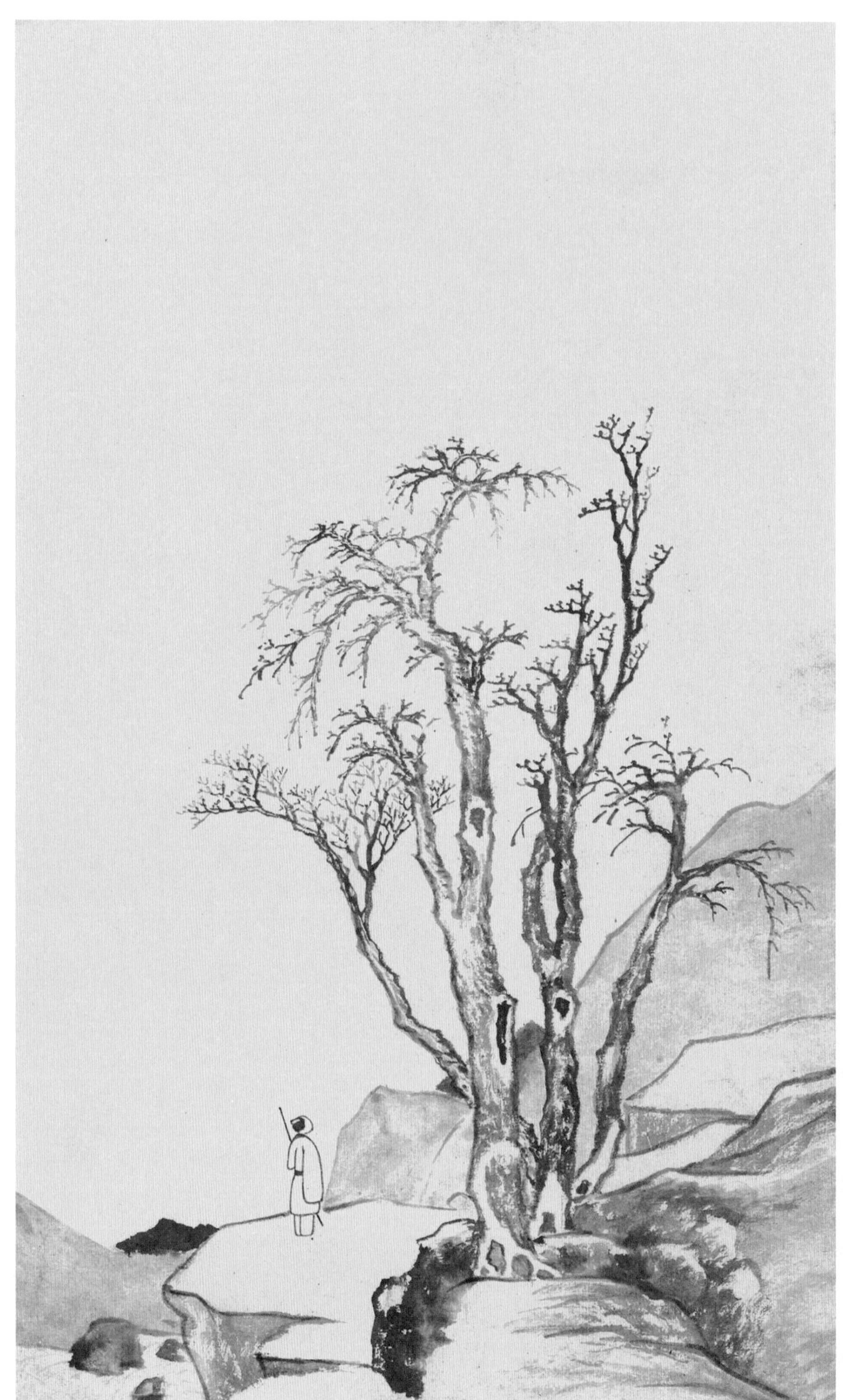

秋林晚岫图（临摹） 姚公绶（明代）